1.第三批海南省高校"三全育人"综合改
——"海洋、生态、旅游、民族"四大办学特色融入"三全育人"
（琼教思政〔2023〕11-1-1）

2.2020年海南省高校思想政治理论课教学科研团队择优支持项目
（2020-30-3-2）

区域特色文化资源融入
高校立德树人工作个案研究

—— 依托海南特色文化资源立德树人的理论与实践

管小其　宁　波　编著

江西高校出版社
JIANGXI UNIVERSITIES AND COLLEGES PRESS

南　昌

图书在版编目（CIP）数据

区域特色文化资源融入高校立德树人工作个案研究：依托海南特色文化资源立德树人的理论与实践／管小其，宁波编著. -- 南昌：江西高校出版社，2024.12.
ISBN 978 - 7 - 5762 - 5325 - 2

Ⅰ. G641

中国国家版本馆 CIP 数据核字第 2024QU4906 号

策 划 编 辑	陈永林	责 任 编 辑	黄 倩
装 帧 设 计	曾 宇	责 任 印 制	李香娇

出 版 发 行	江西高校出版社
社 　　　址	江西省南昌市新建区工业二路 508 号
邮 政 编 码	330100
总 编 室 电 话	0791 - 88504319
销 售 电 话	0791 - 88511423
网 　　　址	www.juacp.com
印 　　　刷	江西新华印刷发展集团有限公司
经 　　　销	全国新华书店
开 　　　本	700 mm×1000 mm　1/16
印 　　　张	11.75
字 　　　数	205 千字
版 　　　次	2024 年 12 月第 1 版
印 　　　次	2024 年 12 月第 1 次印刷
书 　　　号	ISBN 978 - 7 - 5762 - 5325 - 2
定 　　　价	58.00 元

赣版权登字 -07 -2024 -890

目 录
CONTENTS

导　　论

一、充分挖掘区域特色文化资源的立德树人价值

有道是："国无德不兴,人无德不立。"①教育是立德树人的事业。立德树人是中国特色社会主义教育事业的根本任务,它关乎党的事业后继有人,关乎国家前途命运。学校办学要始终牢记为党育人的初心,坚定为国育才的立场,以树人为核心、以立德为根本,努力培养能够担当民族复兴大任、德智体美劳全面发展的社会主义建设者和接班人。

文化是立德树人的基石,坚持以文化人、以文育人,对高校德育工作至关重要。就此而言,有着重大意义的区域文化尤为值得关注:"中国土地广袤、疆域辽阔,不同区域间因自然环境、经济环境、社会环境等诸多方面的差异,建构了不同的区域文化。区域文化如同百川归海,共同汇聚成中国文化的大传统,这种大传统如同春风化雨,渗透于各种区域文化之中。在这个过程中,区域文化如同清溪山泉潺潺不息,在中国文化的共同价值取向下,以自己的独特个性支撑着、引领着本地经济社会的发展。从区域文化入手,对一地文化的历史与现状展开全面、系统、扎实、有序的研究,一方面可以借此梳理和弘扬当地的历史传统和文化资源,繁荣和丰富当代的先进文化建设活动,规划和指导未来的文化发展蓝图,增强文化软实力,为强国建设、民族复兴伟业提供思想保证、精神动力、智力支持和舆论力量;另一方面,这也是深入了解中国文化、研究中国文化、发展中国文化、创新中国文化的重要途径之一。如今,区域文化研究日益受到各地重视,成为我国文化研究走向深入的一个重要标志。"这就提醒我们,有必要重视区域特色文化资源的独特价值及其在立德树人中的潜在作用。

区域特色文化资源在立德树人方面有其独特价值:

---

① 习近平.习近平著作选读:第一卷[M].北京:人民出版社,2023:238–239.

1. 道德教育价值

区域特色文化中蕴含的道德规范、传统美德、家风家训,如孝悌忠信、尊老爱幼、诚实守信等,可作为道德教育的生动载体和鲜活素材,帮助学生在具体情境中理解和内化道德规范。提升道德素养对培养学生的道德情操、社会责任感具有深远影响。

2. 人文素养提升价值

区域特色文化资源是人文素养的丰富源泉。通过学习和体验区域特色文化,学生可以深入了解本土历史、地理、艺术、哲学等多元知识,拓宽视野,增强人文底蕴,提升人文素养、审美情趣、人文关怀意识和跨文化交际能力。

3. 民族认同与爱国情怀培养价值

作为民族文化的重要组成部分,区域特色文化资源能够助力民族认同与爱国情怀的培育。深入挖掘区域特色文化资源有助于增强学生的民族自豪感和国家认同感,激发热爱祖国、建设家乡的情感和情怀。

4. 创新思维与实践能力培养价值

区域特色文化资源有助于实践能力与创新精神的培养。参与区域特色文化资源的保护、传承、创新活动,如非物质文化遗产的传承、地方戏曲的学习、传统工艺的实践等,可以锻炼学生的动手能力、团队协作能力和创新思维,培养实践能力和工匠精神。

简而言之,区域特色文化资源以其丰富多样、历史积淀深厚、生活关联性强等独特价值,为立德树人提供了生动鲜活的教育素材,有助于道德教育的深化、人文素养的提升、民族认同与爱国情怀的培育以及实践能力与创新精神的锻炼。因此,充分挖掘和利用区域特色文化资源,对于实现立德树人的目标具有重要的现实意义和深远影响。

二、海南特色文化资源及其对高校立德树人工作的独特价值

作为全国最大的经济特区,海南蕴含丰富的特色文化资源。在 2023 年 11 月 20 日中共海南省委办公厅、海南省人民政府办公厅印发的《加强社会主义精神文明建设创建海南文明岛五年行动方案(2023—2027 年)》中重点强调的就有红色文化、黎苗文化、海洋文化、东坡文化、华侨文化、海瑞廉洁文化、航天文化、南繁文化等。毫无疑问,这些特色文化资源对立德树人而言极具价值。

1.海南海洋文化资源及其立德树人价值

海南海洋文化是缘于海南海洋而生成的区域性文化,是别于其他区域性海洋文化的具有热带海洋与热带海岛性的特色文化形态,也是人们认识、把握、开发和利用海南海洋,在历史与现实的开发、利用海南海洋的社会实践过程中,形成的涉海型物质成果、制度成果和精神成果的总和。海南海洋文化作为其独特地域文化的重要组成部分,深深地烙印着海洋的气息与精神,既蕴含着深厚的历史积淀,又展现出与时俱进的时代风貌。作为中华海洋文化的重要分支,海南海洋文化在知识教育、价值观塑造、实践能力培养以及全球视野拓展方面有着独特的育人功能。将海南海洋文化融入高校立德树人工作,能够拓宽学生的全球视野,提升他们的跨文化交流能力,培养他们的全球海洋担当意识与参与能力,为培养具有海洋意识、海洋情怀、海洋素养的高素质人才,推动海洋强国及海洋生态文明建设,构建人与海洋和谐共生的美好未来提供有力支持。

2.海南黎苗文化资源及其立德树人价值

多民族融合是海南文化的一大特色。千百年来,海南黎苗人民在创造了丰富的物质文明同时,亦孕育出海南地域特色显著且民族风情独特的黎苗文化。这一文化由黎族与苗族共同塑造,其在物质文明建构过程中,同步孕育出多样化的民族文化与风土人情。海南黎苗民众的生产劳作、日常生活、节庆仪式及婚丧习俗等民俗形态,兼具旅游价值与海南文化体系之重要构成地位。海南黎苗文化作为我国少数民族文化的重要组成部分,蕴含着深厚的历史底蕴、独特的生态智慧与丰富的人文内涵。其在承继民族魂脉、铸就文化自信之基,弘扬生态智慧、铸牢环保意识之基,浸润黎苗艺术瑰宝、砥砺审美素养与创新思维,熔铸民族团结之魂、构筑社会和谐基石以及架设国际交流之桥、塑造全球胜任力人才等方面的育人价值不容忽视。海南高校应通过构建黎苗文化课程体系、开展黎苗文化实践活动、营造黎苗文化校园氛围、提升黎苗文化师资队伍、拓宽黎苗文化国际视野等路径,有效地将黎苗文化融入立德树人工作中,提升学生的文化素养,树立民族自信,培养环保意识,激发创新思维,增进民族团结与国际视野,为培养具有海南特色、国际视野的高素质人才提供有力支撑。

3.海南冼夫人文化资源及其立德树人价值

冼夫人文化以其深厚的历史底蕴、鲜明的地方特色与广泛的社会影响,成为海南历史文化脉络中璀璨夺目的瑰宝。这一文化现象以冼夫人这位中国历史上杰出的女性政治家、军事家为核心,承载着丰富的历史记忆、独特的价值观念以及对现代社会具有深远启示意义的精神遗产。海南冼夫人文化,其育人价值体现在对个体品德的塑造、民族精神的传承、文化素养的提升以及社会和谐的促进等多个层面。海南高校应从课程建设、实践活动、校园文化、师资培养、校地合作与社会服务、国际合作六个角度,将独具特色的海南冼夫人文化资源有机融入高校的立德树人教育实践中。这不仅可以助力大学生弘扬传统文化、滋养人文精神,而且有助于倡导公正公平、树立社会正义观,还能够构建和谐人际关系、提升社交能力,进而强化民族团结意识、巩固国家统一观念,从而有助于全方位塑造具备深厚文化底蕴、高尚道德情操、强烈社会责任感与国家使命感的时代新人。

4. 海南东坡文化资源及其立德树人价值

海南东坡文化是指以宋代大文豪苏东坡谪居海南期间的生活、创作、思想及其深远影响为核心,形成的独具海南地方特色的文化现象。它融汇了苏东坡的文学艺术成就、人格魅力、思想观念以及他在海南留下的历史遗存,对海南乃至中国传统文化产生了深远影响。作为富含教育意蕴的地方特色文化资源,海南东坡文化在历史教育、人文素养、道德教育、创新精神与国际视野等方面具有不容忽视的重要价值。海南高校应从课程建设、实践活动、校园文化、师资培养、国际合作等角度,将海南东坡文化融入海南高校立德树人工作中。这能够帮助学生弘扬仁义之道、塑造高尚品德,传承爱国情怀、培育家国担当,提升审美素养、陶冶人文情怀等,进而提升实践能力、社会责任感与文化自信。实现海南东坡文化的实践转化,能够为培养具有深厚文化底蕴、高尚道德情操、创新精神与国际视野的时代新人提供有力支撑。

5. 海瑞廉洁文化资源及其立德树人价值

海瑞,以其矢志不渝的廉洁奉公、刚正不阿的直言进谏及对民生疾苦的深切关怀,屹立于中国历史长河中,被誉为封建时代杰出的清官典范。其一生秉持廉洁正直、公正执法的原则,不畏权贵,敢言人之不敢言,其高尚品格与卓越事迹广为后世传颂,成为中国传统文化中廉洁文化的一面旗帜。海南作为海瑞的故乡,对其廉洁文化的传承与弘扬尤为重视,形成了独具特色的海瑞廉洁文化。海瑞廉洁文化作为中国廉政文化的重要组成部分,对于当代大学生的道德教育、法治教育及人格塑造具有深远影响。海瑞廉洁文化作为中华优秀传统文化的瑰宝,其中蕴含的道德理念、法治精神、民本思想以及人格魅力,对于海南高校立德树人工作具有不可忽视的教育价值。海南高校应从课程体系构建、实践活动开展、校园文化建设、师资队伍培养及校地合作五个角度将其融入立德树人工作。这对于引导学生树立道德楷模、引导价值取向,强化法治意识、弘扬法治精神,激发社会责任、强化使命意识等具有不可替代的立德树人价值。

6.海南华侨文化资源及其立德树人价值。

海南,作为中国最重要的侨乡之一,其独特的华侨文化是中华文化的重要分支,也是海南本土文化与海外华人群体交融的产物。这种文化形态深深植根于历史积淀、地域特色、华侨群体的经历与贡献之中,呈现出多元融合、开放包容、创新进取的鲜明特征。海南华侨文化作为中华文化的重要分支,凝聚了华侨群体在海外艰苦奋斗、开拓创新、传承中华文明的独特历程与精神风貌。其丰富的内涵与多元的表现形式,不仅具有深远的历史意义与社会价值,更在弘扬爱国爱乡精神、培育全球视野与跨文化交流能力、树立艰苦奋斗与创新创业精神、传承与弘扬中华优秀传统文化、培养社会责任感与公益精神等育人领域展现出独特的价值与功能。海南高校应充分发掘与利用这一宝贵资源,将其融入课程教学、实践活动、校园文化等各个环节,以期培养出既有深厚家国情怀、广阔国际视野,又具备社会责任感与创新精神的时代新人。

7.海南生态文化资源及其立德树人价值

海南,以其独特的地理位置、丰富的生物多样性以及深厚的历史人文积淀,孕育出独具特色的生态文化。这一文化形态不仅反映了海南人民与自然环境的和谐共生关系,更体现了其在生态文明建设中的创新实践与发展理念。海南生态文化作为中华生态文化的重要组成部分,以其独特的地域特征、丰富的实践形态与深远的价值内涵,在生态教育、价值观塑造、创新能力培养及全球视野拓展等方面具有不可忽视的育人价值。将海南生态文化融入高校立德树人工作中,对于培养具备生态文明素养、生态责任意识与可持续发展能力的现代大学生具有重要意义。海南高校应当充分挖掘与利用这一宝贵资源,从课程体系构建、实践活动开展、校园文化建设、师资队伍培养及校地合作五个角度将其深度融入立德树人工作,进而培养出具有生态文明素养、创新精神和社会责任感的高素质人才,为我国乃至全球生态文明建设做出贡献。

8.海南航天文化资源及其立德树人价值

海南航天文化作为一种新兴的地域文化形态,是在海南航天事业蓬勃发展背景下,融合航天科技、航天精神、地方特色与公众参与等多元要素形成的独特文化现象。它既体现了中国航天事业的科技进步与国家发展战略,又彰显了海南作为我国航天事业重要基地的区域特色与文化内涵。海南航天文化作为海南区域特色文化的重要组成部分,不仅承载着中国航天事业的辉煌成就,更蕴含着科学教育、精神塑造、地方认同与国际视野方面丰富的育人价值。它以其独特的科技魅力、崇高的精神内涵、深厚的地域特色以及广泛的国际影响,为培养具有科学素养、创新精神、家国情怀和社会责任感的高素质人才提供了宝贵的教育资源。将海南航天文化深度融入高校立德树人的全过程,是一项涉及课程建设、实践活动、校园文化、师资培养与国际合作等多维度、立体化的系统工程。唯有如此,海南高校方能充分发挥航天文化的教育价值,全面提升学生的科学素养、人文精神、地方归属感与全球视野,为培养兼具家国情怀、创新精神与社会责任感的高素质航天人才提供全方位、强有力的支持。

9.海南南繁文化资源及其立德树人价值

海南南繁文化是在海南岛特定地理和历史条件下形成的独特文化现象,其核心在于利用海南岛得天独厚的热带气候条件,开展农作物的繁育和科研工作,尤其是在农作物种子繁育方面具有显著的优势和特色。海南南繁文化既反映了海南在保障国家粮食安全、推动种业创新中的战略地位,也展现了海南热带地区丰富的生物多样性与独特的生态环境,以及海南人民与全国农业科技工作者在南繁事业中展现出的艰苦奋斗、创新进取、无私奉献的精神风貌。海南南繁文化作为一种独特的地域文化现象,其深厚的科技底蕴、丰富的历史积淀、鲜明的民族精神、人与自然和谐共生的理念以及与地方经济紧密融合的特性,赋予了其在科学精神培养、人文素养提升、社会责任感塑造、创新意识激发、全球视野拓展等方面独特的育人价值。海南高校应从课程建设、实践活动、校园文化、师资培养与国际合作多个角度将南繁文化深度融入高校立德树人工作,培养出既有专业素养又有社会责任感,既有创新精神又有全球视野的高素质人才,为海南乃至全国的农业科技创新与可持续发展提供人才支撑。

三、完善海南特色文化资源的立德树人机制

2016 年 12 月 7 日,习近平总书记在全国高校思想政治工作会议上强调:"要更加注重以文化人以文育人,广泛开展文明校园创建,开展形式多样、健康向上、格调高雅的校园文化活动,广泛开展各类社会实践。"①那么,究竟应当以什么样的文化引领和培育当代大学生,实现高校"立德树人"的思想政治工作目标呢?要以马克思主义理论武装当代大学生,以社会主义先进文化引领当代大学生,以社会主义核心价值观培育当代大学生,以中华优秀传统文化滋养当代大学生。为更好地落实习近平总书记"以文化人以文育人"的要求,各地有必要结合自身独特的历史、文化和省情,依托区域特色文化资源深化高校立德树人工作。以海南省为例,要以习近平总书记关于高校思想政治教育的重要论述为指导,不断完善海南特色文化资源融入高校立德树人工作的体制机制。

"为党育人、为国育才"是社会各界的共同责任。推进海南特色文化资源融入高校立德树人工作这项系统工程,宏观上需要海南各级党委、政府深入落实中共中央、国务院《关于新时代加强和改进思想政治工作的意见》,"完善领导体制和工作机制,完善党委统一领导、党政齐抓共管、宣传部门组织协调、有关部门和人民团体分工负责、全党全社会共同参与的思想政治工作大格局"②,形成地方和高校共建各类文化设施和文化育人工作示范点,协同推进高校立德树人工作的合力。在高校内部,则要加强顶层设计,加快构建学校思想政治工作体系,建立完善的组织保障机制、制度保障机制、物质保障机制和队伍保障机制,实施时代新人培育工程,完善齐抓共管的特色文化育人机制。

建立完善组织保障机制。高校应强化"为党育人、为国育才"的理念,坚持"育人为本、德育为先",把握"以文化人"的德育规律,把海南特色文化融入学校工作的各个方面,贯穿于教育教学的每个环节,努力形成全员育人、全程育人、全方位育人的组织机制。学校党委要从总体上把握文化育人的根本方向,

---

① 习近平在全国高校思想政治工作会议上强调:把思想政治工作贯穿教育教学全过程 开创我国高等教育事业发展新局面[N].人民日报,2016 - 12 - 08(1).

② 中共中央　国务院印发《关于新时代加强和改进思想政治工作的意见》[EB/OL]. (2021 - 07 - 12)[2024 - 03 - 11]. https://www.gov.cn/zhengce/2021 - 07/12/content_5624392.htm.

建立"思想政治工作领导小组",统筹教育、管理与服务等环节,推动立德树人工作一体化。一是调研、规划全校德育工作,规范、协调各部门职责;二是负责全体教师与管理、服务人员的经常性德育培训工作,不断强化其德育意识、德育素养、德育责任;三是对全体教师与管理、服务人员的日常德育实施情况进行监督与考核。学生工作系统与共青团系统侧重在日常生活中开展海南特色文化育人工作;各院系专业课教师应把海南特色文化融入专业教学的各个环节,渗透到课堂、科研的各个方面;学校管理部门、服务部门,尤其是校党委宣传部门要通过校园环境、舆论阵地弘扬海南特色文化。总之,要以高校各要素的相互促进、彼此衔接、有效运行,为海南特色文化融入高校立德树人工作提供组织上的保障。

建立完善制度保障机制。高校应紧紧抓住制度建设这个关键,完善各项规章制度,为海南特色文化资源融入学校立德树人工作提供强有力的制度保障。在学校党委会、校长办公会和院系党政联席会议制度中,要明确立德树人议事规则,明确有关领导、有关部门在立德树人工作中的职责,使海南特色文化资源融入高校立德树人工作制度化、规范化,调动全体人员文化育人的积极性、主动性和创造性,形成教学、管理、服务等岗位各司其职的全员育人局面。可制定《海南特色文化育人实施意见》《大学生赴海南特色文化实践基地社会实践活动实施方案》等各项常规制度,使海南特色文化育人工作有章可循。要完善目标管理制度,制定《海南特色文化育人工作考核办法》《海南特色文化育人工作项目考核与过程考核表》等可操作文件,建立内容全面、指标合理、方法科学的思想政治工作考核体系和文化育人测评体系,有效调控立德树人、文化育人系统各要素之间的关系,为海南特色文化资源融入立德树人工作提供制度保障。

建立完善物质保障机制。推进海南特色文化资源融入高校立德树人工作,必须加大物质投入,改善工作条件,为此,应做好三个方面的工作。首先,要建设必要的文化场所、文化设备和文化设施。在校内文化设施建设方面,建设呈现海南特色文化的展览馆、博物馆、文献收藏中心,建设与海南特色文艺产品相匹配的音乐厅、大剧院、电影院,开通传播海南特色文化的电视频道和数字广播,在学报、校报开辟海南特色文化专栏,创作、建设取材于海南特色文化的雕塑、长廊等校园文化景点。其次,要积极提供政策扶持和工作经费。要把海南特色文化育人所需经费列入年度预算,合理核定投入,保障必要的经费支持。同时,设立专项基金,奖励海南特色文化育人中涌现出的先进集体、先进个人、先进事迹;提供专项经费,保证大型宣传教育活动和社会实践活动的开展;为教师参加相关的各种研讨会、交流会和专题培训会提供支持,推进海南特色文化育人的理论研究与实践调研。最后,要协同地方党委、政府和企事业单位,共建、共享一批体现海南特色文化的社会实践基地。这些基地不仅可以用于高校师生的社会实践,还可以作为党员领导干部的党性教育基地。

建立完善队伍保障机制。加强和改进高校立德树人工作,人是最重要的因素。要按照政治强、业务精、纪律严、作风正的要求,坚持专兼职结合的原则,建立由思想政治理论课和哲学社会科学课教师、辅导员和班主任,党政领导干部和团干部,全体教职员工和校外兼职辅导员等构成的高校立德树人工作队伍。其中,思想政治理论课和哲学社会科学课教师是基础力量,主要通过课堂教学传授海南特色文化。辅导员、班主任活跃在高校立德树人工作第一线,是在日常生活中以海南特色文化培育大学生的主体。学校党政工团干部以组织体系完善的党团组织为后盾,为海南特色文化育人工作提供组织保证。高校全体教职员工都肩负着立德树人职责,主要在专业课教学与日常生活中以海南特色文化教育、引导大学生。校外兼职辅导员队伍处于社会实践的第一线,是高校立德树人工作的重要补充,对于增强海南特色文化育人的实际效果具有重要的促进作用。这几支队伍目标一致,相互交融,相互促进,是统一的整体。要使海南特色文化资源融入高校立德树人工作有人做、做得好,就必须加强这几支队伍的建设。

第一章　海南海洋文化与海南高校立德树人工作

第一节　海南海洋文化概述

海南,位于南海之滨,坐拥绵延千里的黄金海岸线与丰富多样的海洋生态系统,是我国最具海洋特色的省份之一。海南海洋文化作为其独特地域文化的重要组成部分,深深地烙印着海洋的气息与精神,既蕴含着深厚的历史积淀,又展现出与时俱进的时代风貌。研究者指出:"海南海洋文化,就是中国文化中和海南海洋有关的文化,就是缘于海南海洋而生成的区域性文化,是别于其他区域性海洋文化的具有热带海洋与热带海岛性的特色文化形态。也即人们认识、把握、开发和利用海南海洋,在历史与现实的开发、利用海南海洋的社会实践过程中,形成的涉海型物质成果、制度成果和精神成果的总和。……具体表现为人们对于海南海洋的认识、观念、思想、意识和心态,以及在此基础上产生的……众多的形态。"[①]

本节将从海洋文化的历史脉络、核心内容、实践形态以及价值影响四个方面,对海南海洋文化进行全面梳理与阐述。

一、海南海洋文化的历史脉络

海南海洋文化的发展历程,犹如一部波澜壮阔的历史长卷,镌刻着海南岛与海洋千百年来的共生共荣。其形成与演进,既得益于得天独厚的地理位置优势,又离不开丰富海洋资源的滋养,更与海南人民自古以来与海洋紧密而深刻的联系息息相关。

1.海洋地理与资源:孕育海洋文化的摇篮

海南岛位于北纬 18°10′至 20°10′,处于热带边缘,享有长达 1944 公里的曲折海岸线,拥有众多优良的天然良港和深水航道。这片海域生物种类繁多,珊

---

① 陈智勇.海南海洋文化[M].海口:南方出版社,2008:3－4.

瑚礁生态系统丰富,矿产资源蕴藏丰富,为海洋文化的孕育提供了得天独厚的自然条件。丰富的海洋资源,尤其是渔业资源,不仅支撑了海南人民的生存与繁衍,也孕育了独特的海洋生活方式和海洋观念,奠定了海洋文化的基础。

2. 海上丝绸之路:历史交汇点与文化熔炉

自古以来,海南岛就因其地理位置优势,成为海上丝绸之路的关键节点。早在汉代,海南已纳入中原王朝的行政管辖,通过海上通道与中原地区及东南亚诸国进行频繁的商贸往来。商船络绎不绝,带来了各地的商品、技术和思想,也带走了海南的特产与文化。宋元时期,海南岛的港口如海口、三亚等地更加繁荣,成为海上丝绸之路上的重要物资集散地与中转站,吸引了各地商人、工匠等汇聚于此。多元文化的交融碰撞,极大地丰富了海南海洋文化的内涵,使其在这一时期得到了快速发展。

3. 民族交融与海洋传统:深化海洋文化内涵

明清时期,海南的海洋文化进一步体系化。海南的黎族、汉族等在长期的海洋生活中,形成了各自的海洋传统与海洋信仰。黎族人民的海洋祭祀、汉族渔民的妈祖崇拜、疍家人的水上生活习俗等,共同构筑了海南独具特色的海洋民俗文化景观。这些传统习俗中蕴含的对海洋的敬畏、感恩与依赖,深化了海洋文化的精神内涵,使之成为海南人民集体记忆的重要组成部分。

4. 开放与融合:催生现代海洋文化形态

近代以来,随着海南对外开放程度的提升,尤其是 19 世纪末海南成为通商口岸后,外来文化与海南本土海洋文化深度交融。西方的海洋管理制度、航海技术、海洋科学研究方法等传入海南,与本地传统海洋知识相互影响,推动了海洋文化的现代化进程。同时,华侨的归乡投资与文化传播,为海南带来了海外建筑风格、饮食习惯及海洋节日庆典等元素,使得海南海洋文化呈现出更加多元、开放的面貌,展现出鲜明的现代气息。

综上所述,海南海洋文化的历史脉络是一部跨越千年的海洋史诗,其中交织着地理环境的塑造、海上丝绸之路的繁荣、民族文化的交融与近代开放的洗礼。这一过程不仅积累了深厚的海洋文化底蕴,也为海南海洋文化的持续发展与创新注入了不竭动力,使其在世界海洋文化版图中独树一帜,历久弥新。

二、海南海洋文化的核心内容

海南海洋文化的核心内容呈现出多元化的维度与丰富的内涵,涵盖经济、科技、民俗与艺术等多个层面,全方位展现了海南人民与海洋之间紧密而深远的联系。

1.海洋经济文化:蓝色引擎与智慧结晶

以海洋渔业、海洋运输、海洋旅游等为主体的海洋经济活动,构成了海南海洋文化不可或缺的经济基石。海洋经济的发展历程,不仅是海南社会经济发展的重要脉络,也是海南人民与海洋互动关系的历史见证。从传统渔业的捕捞技艺、渔船制造,到现代海洋牧场的建设、深海养殖技术的应用,海南人民在开发利用海洋资源的过程中,形成了独具特色的生产方式与产品形态。这些经济活动所衍生的经济制度、市场机制,如渔业合作社模式、海洋旅游服务标准等,无不体现了海南人民顺应海洋规律、创新海洋经济模式的智慧。

海洋运输作为海南对外交往的重要途径,使海南在历史上成为海上丝绸之路的繁忙通道,如今则依托现代化港口设施,连接全球物流网络,成为海南经济国际化的重要桥梁。此外,海洋旅游是海南近年来经济增长的新引擎。阳光沙滩、潜水胜地、游艇度假等特色旅游资源,吸引了国内外游客纷至沓来,促进了海洋文化的传播与交流。

2.海洋科技文化:传统智慧与现代创新的交融

海南在航海技术、海洋工程、海洋生物研究等领域积淀了深厚的科技文化。海南渔民世代相传的航海知识与技能,如观天象定航向,识潮汐辨风浪,制作与使用传统航海器具——罗盘、舵叶等,展现了海南先民与海洋相处的智慧。这些传统航海技艺与现代海洋科技的结合,如卫星导航系统、海洋观测设备、海洋生态保护技术等,共同塑造了海南海洋科技文化的独特面貌。

海南还是我国重要的海洋科研基地,聚集了多家海洋科研机构与高校,积极开展海洋生物多样性保护、海洋环境监测、海洋新能源开发等前沿研究,为海洋科技创新与可持续发展提供了强大的智力支持。海洋科技文化的繁荣,不仅提升了海南在国际海洋科研领域的影响力,也为海南海洋经济的转型升级提供了强大驱动力。

3.海洋民俗文化:敬畏海洋与依赖海洋的情感纽带

海南各民族的海洋民俗文化异彩纷呈,深深烙印在民众的日常生活中,是海洋文化精神内核的直观体现。黎族的祭海仪式,以庄严神圣的方式表达对海洋恩赐的感激与对海洋神灵的敬畏;汉族的海洋庙会,如妈祖诞辰庆典,通过祭祀、巡游、表演等形式,传承海洋保护神的信仰,强化社区凝聚力;疍家人的水上婚礼、渔歌对唱等,展示了他们以海为家、与海共舞的生活方式和浪漫情怀。这些民俗活动不仅维系了海南人民与海洋的亲密关系,也成为传承海洋文化、弘扬海洋精神的重要载体。

4.海洋艺术文化:情感寄托与审美表达的海洋诗篇

海南海洋艺术文化以海洋为灵感源泉,包含了一系列富有地方特色和艺术感染力的作品,成为海洋文化魅力的生动展现。海洋诗歌,如描绘海南岛风光、抒发海洋情感的诗词歌赋,字里行间流淌着对海洋的赞美与眷恋。海洋歌曲,如《请到天涯海角来》等脍炙人口的曲目,以优美的旋律传达出海南人民的热情好客与对海洋的热爱。海洋画作、雕塑与手工艺品,则以艺术的形式记录了海洋景观、海洋生物及海洋生活场景,如椰风海韵的油画、海螺贝壳镶嵌的艺术品、海洋主题的陶艺等,无不蕴含着浓郁的海洋风情与艺术创新。

海南海洋文化的核心内容在经济、科技、民俗与艺术等多元维度上展现了其丰富内涵,既有对海洋资源的智慧利用,又有对海洋科技的不懈探索,既有对海洋神灵的虔诚敬仰,又有对海洋美学的深情演绎。这些内容共同构建了海南海洋文化的立体画卷,诠释了海南人民与海洋和谐共生、生生不息的关系,凸显了海南海洋文化的独特价值与持久生命力。

三、海南海洋文化的实践形态

海南海洋文化的实践形态在现代社会中展现出鲜明的时代特征,既体现了对海洋生态环境的高度关注与保护,又凸显了对海洋文化资源的深度挖掘与创新利用,充分彰显了海南在推进海洋事业发展中强烈的生态自觉与文化创新意识。

1.海洋生态文明建设:绿色发展理念的生动实践

海南在海洋生态保护、海洋资源管理、海洋环境治理等方面,积极践行绿色发展理念,致力于构建人海和谐的生态文明体系。通过实施一系列前瞻性和开创性的举措,海南将海洋生态文明建设提升至战略高度。

(1)海洋保护区建设。海南设立了多个国家级和省级海洋自然保护区,如三亚珊瑚礁国家级自然保护区、东寨港红树林自然保护区等,严格保护珍稀海洋生物及其栖息地,维护生物多样性。这些保护区不仅成为科学研究的天然实验室,也是公众科普教育的重要基地。

(2)海洋生态修复工程。海南大力推进海岸线修复、珊瑚礁恢复、红树林种植等生态修复项目,旨在恢复受损的海洋生态系统功能,增强海洋生态系统的自我调节能力。如三亚红树林湿地生态修复工程,旨在扩大红树林面积,改善沿海生态环境,提升防灾减灾能力。

(3)海洋环保教育与公众参与。海南积极推广海洋环保知识,通过举办海洋文化节、环保公益活动、学校海洋课程等方式,增强全社会的海洋环保意识,鼓励公众参与海滩清洁、海洋生物保护等志愿服务,形成全社会共同守护蓝色家园的良好氛围。

这些举措充分体现了海南对海洋生态价值的深刻认识与高度尊重,将生态文明理念融入经济社会发展全过程,推动形成绿色发展方式和生活方式,为全国乃至全球海洋生态文明建设树立了典范。

2.海洋文化产业:海洋资源与文化创新的深度融合

海南依托其得天独厚的海洋资源与深厚的文化底蕴,大力推动海洋文化产业的创新与发展,打造了一批具有国际影响力的海洋文化品牌。

(1)海洋主题公园与旅游景点,如三亚亚特兰蒂斯水世界、蜈支洲岛、分界洲岛等,集海洋观光、科普教育、休闲娱乐于一体,为游客提供沉浸式的海洋文化体验。这些景点巧妙融合海洋景观、海洋生物展示、海洋探险活动等元素,成为海南旅游产业的亮点。

(2)海洋博物馆与展览馆,如海南省博物馆的海洋文化展厅、三亚海洋科技馆等,通过现代化的展陈手段,系统展示了海南乃至全球海洋生物多样性、海洋历史文化、海洋科技成就等,成为普及海洋知识、传播海洋文化的重要平台。

(3)海洋文化艺术节与赛事,如海南国际电影节中的海洋主题单元、三亚国际海洋音乐节、环海南岛国际大帆船赛等,汇聚国内外艺术家与运动员,以艺术表演、体育竞技等形式,弘扬海洋文化,提升海南的国际文化影响力。

通过将海洋文化与旅游、创意等产业深度融合,海南成功塑造了独具特色的海洋文化产业集群,实现了海洋资源的高效利用与文化价值的有效提升,有力推动了经济社会高质量发展。

3.海洋教育与科研:专业人才培养与智力支撑

海南高度重视海洋教育与科研工作,依托本地高校与科研机构,构建起完善的海洋学科体系,为海洋保护、开发、权益维护等提供坚实的人才基础与智力支持。

(1)高等教育与人才培养。海南大学、海南热带海洋学院等院校开设了海洋科学、海洋工程、海洋法学等相关专业,培养了一批具备专业知识与实践能力的海洋专业人才。通过校企合作、实习实训、国际合作等方式,确保人才培养紧跟行业需求与国际前沿。

(2)科研机构与创新能力。海南拥有一批国家级和省级海洋科研机构,如中国科学院深海科学与工程研究所、国家海洋局南海规划与环境研究院等,围绕海洋生态环境、海洋资源开发、海洋装备技术等领域开展前沿研究,取得了一系列重大科研成果,并积极参与国际海洋科技合作与交流。

(3)政策咨询与决策支持。科研机构与专家学者为政府部门提供海洋战略规划、法律法规制定、环境影响评估等方面的咨询服务,为海南乃至国家的海洋治理决策提供科学依据与智力支持。

海南在海洋教育与科研方面的持续投入与卓越成效,不仅提升了本地区海洋科技创新能力,也为我国海洋强国战略的实施输送了宝贵的人才资源与科研成果,为构建海洋命运共同体贡献了海南智慧。

综上所述,海南海洋文化的实践形态在海洋生态文明建设、海洋文化产业创新以及海洋教育与科研等领域展现出鲜明的时代特征,充分体现了海南在推动海洋事业发展过程中,坚持生态优先、创新驱动、人海和谐的价值导向,有力推动了海南乃至全国海洋文化的繁荣与海洋经济的可持续发展。

四、海南海洋文化的价值影响

海南海洋文化不仅在本土社会经济发展中扮演着关键角色,更在全球范围内展现出独特的价值与影响力,为推动海洋文化的交流互鉴、全球海洋治理的参与以及海洋生态文明建设的示范起到了积极的作用。

1.文化交流与互鉴:架起中外海洋文明对话的桥梁

作为中华海洋文化的重要组成部分,海南海洋文化以其丰富的内涵与独特的地域特色,成为世界了解中国海洋文明的一扇重要窗口。通过国际海洋文化交流活动,如海洋文化节、海洋论坛、海洋艺术展览等,海南向世界展示了其悠久的海洋历史、多元的海洋民俗、先进的海洋科技以及人海和谐的生态文明理念。这些活动不仅增进了中外对彼此海洋文化的理解和尊重,也为促进全球海洋文化的交流互鉴提供了宝贵的平台,有助于构建全球海洋文化共同体,推动全球海洋文明的繁荣发展。

2. 全球海洋治理参与:贡献海南智慧与力量

在参与全球海洋治理的过程中,海南凭借其在海洋经济、海洋科技、海洋环保等方面的实践与积累,积极发声,主动作为。海南积极参与国际海洋保护公约的制定与实施,推动海洋可持续发展目标的实现,为全球海洋治理规则的完善贡献了海南智慧。同时,海南在保护海洋生物多样性、防治海洋污染、应对气候变化等领域的实际行动,赢得了国际社会的广泛认可,成为全球海洋治理中不容忽视的力量。海南的积极参与,不仅提升了中国在国际海洋事务中的影响力,也有力推动了全球海洋治理体系的公正合理。

3. 海洋生态文明典范:提供全球可借鉴的海南模式

海南在海洋生态文明建设方面的创新实践,为全球海洋生态保护提供了宝贵的参考与借鉴。海南率先实施严格的海洋生态保护红线制度,大面积设立海洋自然保护区,大力开展海洋生态修复工程,积极推广海洋环保教育,构建起覆盖全岛的海洋生态文明制度体系。这些举措的成功实施,使得海南成为全球海洋生态保护的成功范例,为其他国家和地区应对海洋环境问题、实现海洋可持续发展提供了可复制、可推广的经验。海南模式的全球影响力,不仅提升了海南的国际形象,也为中国在全球生态文明建设中树立负责任大国的形象助力。

综上所述,海南海洋文化以其深厚的历史底蕴、丰富的当代实践以及在全球范围内的独特价值,既承载着海南人民对海洋的深厚情感,又在新的时代背景下展现出勃勃生机。在深入挖掘、传承与弘扬海南海洋文化的同时,应积极对接全球海洋发展趋势,推动海南海洋文化走向世界,为构建人与海洋和谐共生的未来社会贡献力量。海南海洋文化不仅是海南的宝贵财富,也是全球海洋文明的重要组成部分,其全球视野与未来展望,将进一步提升海南在全球海洋事务中的地位与影响力,为构建人类命运共同体贡献海南智慧与力量。

第二节　海南海洋文化的育人功能

海南海洋文化作为中华海洋文化的重要分支,以其独特的地域特征、深厚的历史积淀、丰富的实践形态以及在全球视野下的独特价值,对人才培养具有深远影响。本节将从知识教育、价值观塑造、实践能力培养以及全球视野拓展四个维度,详细论证海南海洋文化的育人功能。

一、知识教育:海洋知识的生动教材

海南海洋文化作为一座丰富的知识宝库,涵盖了海洋生物、海洋生态、海洋资源、海洋科技、海洋历史、海洋民俗等诸多领域,为学生提供了全方位、立体化的海洋知识教育,成为提升学生海洋知识素养的生动教材。

1.海洋生物与生态知识的直观课堂

海南独特的地理位置与丰富的海洋生态系统为学生提供了观察、学习海洋生物与生态知识的天然实验室。通过考察海南的珊瑚礁、红树林、滨海湿地等生态景观,学生能够亲身体验海洋生态的多样性与复杂性。珊瑚礁是海洋生物多样性最丰富的生态系统之一,学生在潜水或透过透明船底观察时,可以近距离领略珊瑚、鱼类、贝类、海藻等生物的共生关系,理解生态系统的稳定性与脆弱性;红树林作为海岸带的守护者,其独特的胎生现象、根系结构以及对潮汐适应性的学习,能让学生深入理解生态系统功能与生态服务价值;滨海湿地则是候鸟迁徙的重要驿站,通过观鸟、湿地植被调查等活动,学生能直观感受到湿地生物多样性与生态系统的动态变化。

2.海洋资源与科技知识的生动展示

海南的海洋博物馆与海洋科技馆,如同知识的宝库,将静态的海洋知识转化为直观、生动的展示,使学生能够了解海洋资源的类型、分布、开发与保护情况,以及海洋科技的发展历程与前沿动态。在博物馆中,通过化石、标本、模型、多媒体互动等手段,学生可以系统学习海洋矿产资源、生物资源、能源资源等基础知识,理解海洋资源的稀缺性与可持续利用的重要性;海洋科技馆则展示了从古代航海技术到现代海洋探测、海洋工程、海洋生物技术等方面的科技成果,激发学生对海洋科技的兴趣与探索欲望,培养其科学精神与创新思维。

3.海洋历史与民俗文化的深度解读

海南渔民的传统航海知识与海洋民俗,是海洋历史与文化的重要载体,通过学习与体验,学生能够深入理解海洋文化的历史演变与民族特色。如学习海南渔民的天文航海知识、风信观测、海流判断等传统技艺,可以窥见古代航海智慧与海洋生存哲学;参与或观摩海南渔民的开渔节、祭海仪式、海洋歌谣演唱等海洋民俗活动,能使学生感知海洋文化中蕴含的人与自然和谐共生的理念,增强对海洋文化的认知深度与情感认同。

海南海洋文化以其丰富的内容与多样的形式,为学生提供了全方位、立体化的海洋知识学习平台。通过实地考察、参观博物馆、学习传统知识与民俗,学生能够在生动、直观的体验中提升海洋知识素养,培养科学精神与人文情怀,为未来参与海洋保护、海洋开发、海洋科研等工作打下坚实的知识基础。同时,这样的学习方式也极大地增强了学生对海洋的亲近感与责任感,有助于培养其成为尊重自然、保护海洋、利用海洋的时代新人。

二、价值观塑造:海洋精神的传承与弘扬

海南海洋文化以其特有的精神内核,对学生的价值观塑造产生了深远影响。其中,勇于探索、坚韧不拔、开放包容、和谐共生等海洋精神特质,如同灯塔般照亮学生的人生航程,指引他们形成健康向上、符合时代要求的价值取向。

1.勇于探索的开拓精神

海南海洋文化中的探索精神源于海南人民与海洋的紧密联系与深厚感情。历史上,海南渔民乘风破浪、勇闯深海,展现出无畏的探索勇气和冒险精神。这种精神在现代教育中被赋予了新的内涵,鼓励学生面对未知世界保持好奇心,敢于挑战自我,勇于尝试新事物,追求知识的边界。通过学习海洋科技、参与海洋科研项目、体验海洋探险活动等,学生能够在实践中培养敢于创新、乐于探索的品质,为未来在科技、经济、文化等领域的创新发展打下坚实基础。

2.坚韧不拔的毅力品质

海洋环境的严酷与变幻莫测,锤炼了海南人民坚韧不拔的意志品质。在与海洋的斗争与共生中,海南人民学会了在困难面前不屈不挠,面对挫折百折不回。这种精神在教育中被传承下来,教育学生面对学业、生活中的困难要坚韧不拔、持之以恒,培养他们面对挑战时的毅力与决心。通过参与海洋环保、海洋救援等公益活动,学生能够在实践中体验到克服困难、坚持到底的重要性,形成积极向上、永不言败的人生态度。

3.开放包容的国际视野

海南作为海上丝绸之路的重要节点和国际旅游岛,具有开放包容的文化特质。海南海洋文化中的开放精神体现为对多元文化的接纳与融合,对全球视野的追求与实践。通过学习海南的海洋历史、参与国际海洋交流活动、接触来自世界各地的游客与学者,学生能够开阔眼界,增强跨文化交流能力,形成尊重差异、包容多元的价值观。这种开放包容的国际视野,有利于将学生培养为在全球化背景下具备跨文化理解与合作能力、具有国际竞争力的时代新人。

4.和谐共生的生态文明观

海南人民在与海洋的长期互动中,形成了敬畏海洋、保护海洋、合理利用海洋的观念,这是对人与自然和谐共生的生态文明理念的生动诠释。通过学习和体验海南海洋文化,学生能够理解并接受这些观念,形成尊重自然、保护环境、合理利用资源的生态意识,培养绿色生活方式与可持续发展理念。通过参与海洋生态保护、海洋环保教育等实践活动,学生能够在实践中深化对生态文明的认识,形成对地球家园的责任感与使命感,为未来成为生态文明建设的积极参与者和推动者奠定基础。

海南海洋文化中的海洋精神对学生的价值观塑造具有重要意义。通过学习和体验海南海洋文化,学生能够培养勇于探索的开拓精神、坚韧不拔的毅力品质、开放包容的国际视野以及和谐共生的生态文明观,从而提升道德品质和社会责任感,强化使命担当,为个人成长和社会进步注入强大精神动力。

三、实践能力培养:海洋实践的丰富平台

海南海洋文化以其丰富的实践资源与活动形式,为学生提供了全方位、多元化的海洋实践平台,有效提升了学生的实践能力与社会适应能力。

1.海洋保护与科研实践

参与海洋保护与科研活动,是学生将所学知识转化为实践能力的重要途径。通过参与珊瑚礁修复、红树林保护、海洋生物多样性调查、海洋环境污染监测等项目,学生能够将课堂所学的海洋生态学、海洋生物学、海洋化学等知识应用于实际,提升解决实际问题的能力,培养严谨的科研态度与创新思维。同时,这些实践活动让学生亲身体验到海洋保护的重要性与紧迫性,增强其海洋环保意识与社会责任感。

2.海洋旅游与文化产业实践

海南作为国际旅游岛,其丰富的海洋旅游资源为学生提供了丰富的旅游实践机会。通过参与海洋旅游策划、导游服务、景区管理等实习实训,学生能够了解海洋旅游产业的运作模式,提升服务意识与职业素养,培养市场敏感度与创新思维。此外,参与海洋文化节、海洋艺术展览、海洋音乐节等活动的组织策划,可以锻炼学生的组织协调、沟通交流、团队合作等社会能力,提升其文化创新与产业运营能力。

3.海洋志愿服务与公益实践

参与海洋志愿服务与公益项目,是培养学生社会责任感与公益精神的有效途径。通过参与海滩清洁、海洋环保宣传、海洋科普教育、海洋保护公益活动等,学生能够直接参与海洋保护的实际行动,提升其环保意识与社会责任感,培养其服务社会、关爱自然的情怀。同时,这些活动也锻炼了学生的组织协调、团队合作、公共演讲等社会能力,为其未来参与社会公益事业、推动社会进步打下坚实基础。

4.海洋国际交流与合作实践

海南作为海上丝绸之路的重要节点,其海洋文化具有鲜明的国际特色。通过参与国际海洋论坛、海洋科技交流、海洋文化研究等国际交流活动,学生能够了解全球海洋治理、海洋科技、海洋文化等方面的前沿动态,提升其国际视野与跨文化交流能力。同时,参与国际海洋合作项目,如海洋科研合作、海洋环保合作、海洋教育合作等,能够锻炼学生的国际合作能力,提升其在全球化背景下参与国际事务、推动国际合作的能力。

海南海洋文化为学生提供了丰富的海洋实践平台,通过参与海洋保护、科研、旅游、文化产业、志愿服务、国际交流等实践活动,学生能够在实践中提升解决实际问题的能力、创新思维、社会能力、社会责任感与公益精神,为培养具有全球视野、创新精神、社会责任感的高素质人才提供了有力支持。

四、全球视野拓展:海洋交流的桥梁与窗口

海南海洋文化以其独特的全球视野,为学生打开了通向世界海洋文化、参与全球海洋治理的大门,成为连接本土与全球、现在与未来的重要桥梁与窗口。

1. 世界海洋文化的互动平台

作为海上丝绸之路的重要节点和国际旅游岛,海南吸引了世界各地的游客和学者,成为多元海洋文化交流的热土。学生在此环境中,有机会与来自不同国家和地区的人们面对面交流,了解并对比不同海洋文化的特色、价值观念与生活方式,拓宽国际视野,增进跨文化交流能力。此外,海南丰富的海洋文化遗产,如海上丝绸之路遗迹、海洋民俗活动等,为学生提供了深入研究全球海洋文化历史、比较不同海洋文化体系的宝贵资源,能够培养其全球文化认知与比较研究能力。

2. 全球海洋治理的参与平台

海南举办的国际海洋论坛、海洋文化节等活动,为学生提供了了解全球海洋问题、参与国际海洋事务的直接渠道。在这些活动中,学生可以接触到国际海洋治理的前沿议题,如海洋环境保护、海洋资源管理、海洋权益维护等,可以聆听各国专家、学者的观点与建议,这有利于培养其对全球海洋治理问题的敏锐洞察力与批判性思考能力。同时,通过参与活动的组织、策划、志愿服务等环节,学生可以锻炼自身的组织协调、公共外交、国际谈判等能力,为未来参与国际海洋事务、推动全球海洋治理创新做好准备。

3. 国际科研合作与实习就业的实践平台

海南的海洋科研机构、海洋企业等与国际同行建立了广泛的合作关系,为学生提供了参与国际科研项目、实习就业的宝贵机会。学生可以通过加入跨国科研团队,参与海洋科学、海洋工程、海洋经济等领域的前沿研究,提升科研素养与创新能力,了解国际科研规范与合作机制,为未来在全球科研领域发展奠定基础。同时,与国际企业的实习合作,可以帮助学生了解全球海洋产业的发展趋势、管理理念与运营模式,提升职业素养与国际竞争力,为未来在全球化背景下就业做好准备。

综上所述,海南海洋文化在知识教育、价值观塑造、实践能力培养的基础上,进一步拓展了学生的全球视野,使其具备全球意识与跨文化交流能力,为培养具有海洋知识、海洋精神、实践能力和全球视野的高素质人才提供了全方位的支持。深入挖掘、传承与弘扬海南海洋文化,有助于培养出一批具备全球视野、跨文化交流能力、实践能力强、有海洋情怀的优秀人才,为推动海南乃至全国的海洋事业发展,构建人与海洋和谐共生的美好未来提供强有力的人才支撑。

第三节　海南海洋文化融入海南高校立德树人
工作的实践探索

海南海洋文化作为海南地域特色的核心要素,正深度融入海南高校立德树人工作,逐渐形成了以学科体系重构、实践育人平台创新、文化传承创新、协同机制突破等为路径的育人体系,并开展了可贵的实践探索。

一、学科体系重构:以海洋特色驱动教育创新

(一)构建海洋学科集群

海南热带海洋学院围绕"海洋、旅游、民族、生态"四大特色,打造"海洋科学与技术、海洋生命、海洋生态环境、海洋旅游、民族与人文"五大学科群,重点强化马克思主义理论学科建设,夯实基础学科群。例如,其"水产南繁种业"研究被纳入国家"南繁硅谷"建设规划,并通过"四方(自然资源部、海南省政府、中海油、三亚市)共建"机制推动深海工程与海洋装备研发。截至目前,海南热带海洋学院在构建海洋学科集群方面已有两大进展:一是获批教育部重点实验室,深度参与南海生态修复与海洋大数据研究,为地方科技服务提供支撑;二是获批立项建设现代航运产业学院。

(二)课程思政与海洋文化融合

作为中国最南端的公办本科海洋类高校,海南热带海洋学院积极扛起海洋文化的使命与担当,在新时代交出更加优异的答卷。学校在保持传统文化精神内核的基础上,深化海洋意识培育,突出海性、海味,做足海洋特色文章,使海洋文化有机融入校园文化。学校积极开展博物馆科普教育以及学术研究和对外宣传交流工作,编制了《南海文化博物馆》《认识海洋》《海洋文化》等特色教材。学校通过"南海文化博物馆"等载体,将海洋知识转化为沉浸式教学资源,累计接待校内外师生、社会各界人士、国内外来访嘉宾 8 万余人次,打造博物馆品牌形象和文化价值,形成文化育人品牌。此举堪与中国海洋大学构建"树人立新、谋海济国"课程思政体系,开发《认识海洋》《海洋文化》等教材,将海洋强国思想融入专业课程相提并论。

二、实践育人平台:产学研协同与在地化探索

(一)南海记忆工作坊模式

海南大学依托南海史研究团队,建立"教、学、研、竞、闲"一体化的"南海记忆工作坊"。学生通过口述历史(如"老船长·我与南海")、田野调查(覆盖南海渔民、渔业、渔村)等方式完成 20 余万字调研报告,获全国挑战杯金奖等荣誉。该模式以学术研究反哺教学,形成"学术—实践—竞赛"闭环。

(二)产学研深度服务地方需求

海南热带海洋学院立足海南自贸港建设与海洋强国战略,构建"产学研用"一体化服务体系,形成"校地共生、产教融合"的发展格局。学校与崖州湾科技城共建创新研究院,聚焦深海科技与热带水产种业领域,组建 6 支科研团队开展核心技术攻关,在深海材料装备研发、水产南繁育种技术、热带海洋生态修复等方向取得突破性进展。研究院成立不足一年即承担省级及以上科研项目 6 项,获国际发明专利授权 1 项,实现热带石斑鱼苗种繁育技术产业化应用,推动我国水产南繁种业正式纳入"南繁硅谷"体系。朱蓓薇院士创新中心开展的海洋功能食品研发,包振民院士工作站推进的水产种质创新研究,为南海生物资源开发利用提供重要技术支撑。

在教育帮扶领域,学校充分发挥省级中小学教师培训机构职能,构建"政校行企"协同育人机制。依托国家级专业技术人员继续教育基地,开发"海洋生态保护""热带农业技术"等特色培训模块,累计开展乡村振兴专题培训 70 余项,覆盖 7000 余人次。组建"新时代青春助力自贸港"实践团队,建立 12 个市县教育帮扶基地,输送 1500 名支教教师深入五指山、乐东等民族地区,形成"基础教育提质＋职业教育赋能＋民族文化传承"三位一体的乡村振兴服务模式。其中"黎锦文化进校园"项目获教育部优秀传统文化传承基地立项,实现非遗技艺活态传承与乡村产业振兴的有机结合。

在社会服务创新方面,学校打造"海棠军旅通"数字化服务平台,构建退役军人就业能力评估、岗位智能匹配、终身教育支持的全周期服务体系。平台整合 500 余家涉海企业资源,开发海洋应急救援、邮轮服务管理等特色培训课程,帮助 82% 的参训退役军人实现高质量就业。该模式入选海南省数字社会创新案例,形成"需求精准对接—技能定向培养—职业持续发展"的社会服务闭环。同时,学校建设海南省首个海龟救护保育中心,年救治海洋珍稀生物 200 余例,构建起"科研支撑+生态修复+公众教育"的海洋保护体系,相关成果获评全国大中专学生社会实践优秀案例。

通过构建"海洋科技研发—成果转化应用—社会服务延伸"的完整链条,海南热带海洋学院实现年度科研经费突破亿元,技术合同成交额年均增长 35%,形成教育链、人才链与产业链深度融合的创新生态,为海南自贸港建设注入强劲动能。

三、文化传承创新:红色基因与海洋精神融合

(一)民族文化与海洋文化共生

海南高校海南热带海洋学院立足地域特色,构建民族文化与海洋文化深度融合的育人体系。在民族文化传承方面,学校将黎锦技艺纳入美育课程体系,举办"黎锦进高校"非遗展演,并常态化开展"三月三"民俗节庆活动。学术研究层面,《黎族通史》获国家社科基金重大项目立项,填补了海南少数民族整体性研究的空白,其成果已形成 8 卷本 300 余万字的研究著作,成为民族学研究的区域性标杆。海洋文化培育方面,通过"海好有你"净滩行动、"海洋之声"科普宣讲等品牌活动,年均开展海洋主题实践 70 余场次,参与师生逾万人次。学校建设的南海文化博物馆累计接待海内外访客 8 万余人次,馆藏 3000 余件海洋生物标本和民族文物,成为文化传播的重要载体。二者通过"自由贸易港建设中的民族教育与乡村振兴"等学术平台实现双向赋能,既深化了黎苗文化创新性发展研究,又拓展了海洋意识教育新路径,形成具有琼岛特色的文化共生范式。

此外,海南热带海洋学院立足海南"红蓝绿"三色文化基因,通过《红色琼崖》《美丽海南》等红色音乐创作实践,构建起民族文化与海洋文化深度融合的育人体系。其中,《红色琼崖》以琼崖纵队"二十三年红旗不倒"革命精神为核心,将海南黎族民歌元素与现代交响乐技法创新融合,通过"五指山云海翻涌/万泉河奔流向东"等意象化歌词,构建起红色革命精神与热带自然景观的时空

对话。该作品在教学中通过"音乐党课"形式,结合琼崖革命史实讲解与现场演唱,使学生在艺术审美中完成对海南红色基因的认知传承。在海洋文化育人维度,学院以《美丽海南》为载体,采用"潮起潮落"的韵律设计与"三沙浪花"的声效采样,构建起具有鲜明海洋特质的音乐语汇。作品通过"碧海银滩织锦绣/自贸港城立潮头"等词句,既展现海南海洋生态之美,又彰显新时代建设者的奋进姿态。教学实践中,海洋科学专业将作品引入《海洋文化概论》课程,通过音乐意象解析引导学生理解"向海图强"的战略内涵,实现专业知识与艺术素养的共生共长。海南热带海洋学院还创新"双师同堂"教学模式,由马克思主义学院教师解析琼崖革命理论内涵,由艺术学院教师指导音乐创作技法,在"红色题材音乐创作"等课程中形成"理论阐释—艺术转化—作品产出"的完整链条。通过组织学生赴琼海红色娘子军纪念园采风、在三亚崖州湾科技城开展海洋主题创作实践,构建起"红色圣地+蓝色湾区"的立体化育人场景。调查数据显示,参与项目的学生海南文化认同度提升 27.6% ,创作完成的 12 部融合作品在网络平台获得超 3000 万次传播,形成独具特色的文化育人品牌。

(二)海洋文化品牌建设

海南热带海洋学院立足南海区位优势,系统构建"三位一体"海洋文化育人体系。在理论建设层面,学校组织专家团队编撰《南海文化博物馆》《认识海洋》《海洋文化》等特色教材,其中《认识海洋》已纳入校本通识教育核心课程体系,年均覆盖学生 5000 余人次。实践教学方面,依托"东方红"科考船打造"行走的课堂",组织学生参与"探索一号"科考船深海探测项目,累计培养海洋科考人才 200 余人。2021 年副研究员宋陶然参与"奋斗者"号万米深潜任务,创下国内女性科研人员深潜纪录。在文化传播维度,南海文化博物馆建成海洋生物标本库、南海历史文献库等六大主题展区,馆藏珍贵海洋文物 1200 余件,年均接待校内外参观者 2 万人次,被认定为省级科普教育基地。学校创新构建"海陆联动"文化传播矩阵,举办"南海地图展""史料展"等专题展览 32 场次,展出明清时期南海疆域图等珍贵史料 86 件。学校连续五年承办"海洋文化周"活动,开展海洋主权主题演讲、海洋生态摄影展等特色项目,累计参与师生达 3.5 万人次。2022 年推出的"无接触海岛旅游服务研究"项目入选文化和旅游部重点实验室资助计划,构建起包含 12 项指标的海岛旅游服务质量评价体系。在国际传播领域,通过中国—东盟海上合作基金项目,与东南亚 9 国高校共建海洋文化研究网络,开发多语种海洋文化慕课课程,累计培养国际学生 300 余名。学校注重将文化传承与科技创新深度融合,依托海南省近岸海洋生态环境过程与碳汇重点实验室,构建海洋文化数据库,收录南海历史文献 2.3 万册、海洋生态数据 150TB。在民族文化建设方面,《黎族通史》研究团队采集整理黎族海洋民俗文化资料 120 万字,建立数字化保护档案库。通过"海好有你"志愿服务项目,组织学生开展红树林保育、海龟救护等实践活动,近三年累计放生康复海龟 87 只,培育出省级优秀志愿服务团队 2 支。这种"理论 + 实践 + 科技"的立体化建设模式,使学生的海洋主权意识显著提升,相关专业毕业生在涉海领域就业率连续三年保持 92% 以上,为维护国家海洋权益培养了大批高素质人才。

四、协同机制突破:多元主体共建育人生态

海南热带海洋学院深度融入国家"一带一路"倡议,通过构建"政产学研用"协同创新体系,开创了多元主体共建的海洋科教新范式。学校与柬埔寨皇家农业大学、泰国东方大学、马来西亚沙巴大学等东盟国家高校建立战略合作,形成了"本硕贯通 + 订单培养 + 跨境实践"的国际人才培养模式。2021 年成立的柬埔寨海南热带海洋学院中心,开创我国在东盟国家设立海洋科教联合体的先例,累计培养涉海专业国际学生 300 余人。通过"中国—东盟海洋合作奖学金"项目,已支持 47 名东盟国家学生来校攻读海洋科学硕士学位。在科研协同方面,学校牵头组建"中国—东盟海洋科技合作联盟",与泰国东方大学共建中泰海洋环境监测联合实验室,与越南海洋研究院联合开展珊瑚礁生态修复研究。2023 年与印度尼西亚哈桑努丁大学合作开展的"热带海洋生物多样性保护"项目,被纳入中国—东盟海上合作基金支持计划。这种跨国界的科教协同,使学校成为我国面向南海开展海洋科技合作的重要枢纽。援外教育培训形成特色品牌,累计为东盟及非洲国家举办"海洋资源开发与管理""热带海洋环境保护"等专题研修班 23 期,培训学员 500 余人,覆盖 32 个"一带一路"共建国家。其中 2022 年为柬埔寨定制的"海洋空间规划与蓝色经济"培训项目,直接服务于柬政府制定的《2023—2030 海洋经济发展规划》。学校建立的"南海国际海洋人才培训基地",已成为我国在热带海洋领域对外技术输出的重要窗口。校地协同方面,依托三亚崖州湾科技城"教育特区"政策优势,与上海交通大学、中国海洋大学等入驻单位共建"海洋科教协同创新中心",在深海探测、海洋牧场等领域开展联合攻关。2023 年与中海油共建的"深海油气资源开发联合实验室",已孵化 3 项深海装备研发成果。学校构建的"热带海洋科教创新联合体",成功入选教育部"一带一路"教育行动创新实验项目。这种多元协同机制突破传统办学边界,形成"五维联动"育人生态:纵向贯通本硕博培养体系,横向联通国内外科教资源,深度融通学科专业链与产业链,全面畅通政企校合作渠道,创新打通陆海统筹发展路径。学校在马来西亚沙巴州建立的"中国—东盟海洋生物资源可持续利用海外实践基地",已发展为我国在南海区域开展海洋人文交流的重要平台。通过这种开放办学格局,学校正加速从"区域性应用型高校"向"国际化的海洋科教枢纽"转型升级,为构建海洋命运共同体贡献中国方案。

五、挑战与对策

(一)人才与资源短板

海南海洋高层次人才稀缺问题突出,全国 14 个海洋科学一级学科布点均未落地海南,省内海洋科教资源集聚不足。资金短缺制约海洋学科建设,文科院校转型海洋类高校需巨额基础投入。面对挑战,需要实施"引育并举"策略:一是依托自贸港人才政策优势,引进海洋领域领军人才及创新团队,强化"热带深海"学科特色吸引力;二是深化"四方共建"机制,争取自然资源部、海南省、中海油及三亚市资源支持,推动部省合建培育海洋科学一级学科;三是优化学科布局,重点建设海洋科学与技术、海洋生命等五大学科群,夯实数理化基础学科;四是整合省海洋与渔业科学院、崖州湾创新研究院等平台资源,推进科教产教融合;五是建立科研协同创新机制,通过科技成果转化收益分配改革激发创新活力。同时,要探索多元化筹资渠道,强化涉海学科办学支撑条件建设。

(二)学科交叉深化不足

当前海洋科学与旅游学、民族学等特色学科的交叉融合尚处于初级阶段,跨学科协同创新机制尚未健全。基于学校"海洋、旅游、民族、生态"四大学科特色定位,亟须构建多维度交叉融合体系:一是建设"海洋 + 民族文化"交叉学科平台,依托海南黎苗文化资源和南海海洋文化遗产,开发"海洋民俗学""南海渔猎文化"等特色课程,打造"海洋文化传承与创新"微专业;二是推动海洋旅游学科升级,联合三亚国际邮轮港、蜈支洲岛等产业实体,构建"海洋生态旅游""智慧海洋旅游"等交叉研究方向;三是建立跨学科项目制教学体系,围绕南海沉船考古、热带海洋国家公园建设等真实场景,组建海洋科学、民族学、生态学师生联合攻关团队;四是深化"校—院—企"协同机制,依托崖州湾创新研究院联合中国科学院深海科学与工程研究所、中国海洋大学等机构,开展热带海洋生物资源开发与民族文化协同研究。通过设立交叉学科建设专项基金、完善跨学院成果认定机制,系统性破除学科壁垒,培育服务自贸港建设的"新文科 + 新工科"复合型人才。

概而论之,海南高校通过学科特色化、实践在地化、文化品牌化,将海洋文化深度嵌入立德树人全过程,为海洋强国与自贸港建设提供了人才支撑。未来需进一步整合政策红利(如自贸港教育开放政策),以学科交叉为核、实践创新为翼、文化传承为魂、协同机制为基,构建"全域—全程—全员"海洋文化育人体系。通过数字化赋能传统文化、国际化拓展育人视野、在地化服务自贸港需求,实现海洋文化从"知识传授"向"价值塑造"的跃升,为海洋强国战略培育兼具家国情怀与全球胜任力的时代新人。

第四节 海南海洋文化融入海南高校立德树人
工作路径优化设计

基于前述理论分析与探索实践,本节试从系统化、协同化、创新化视角,构建"三维四链五协同"(三维:课程体系、实践平台、文化生态;四链:价值引领链、知识传授链、能力锻造链、素养培育链;五协同:政校企社研协同)的路径优化体系,提出可操作、可评估、可持续的海南海洋文化融入海南高校立德树人工作路径优化设计,期冀为海南高校思想政治教育高质量发展提供参考借鉴。

一、课程体系优化:构建"三阶四融"海洋思政课程矩阵

(一)通识课程筑基工程

1.开发"南海文明史""海洋伦理与生态文明"等校本通识必修课,建立"1 + X"课程群(1 门核心课 + X 门选修课),实现100% 本科生海洋通识教育覆盖。

2.建设"南海记忆"虚拟仿真实验项目,运用 VR 技术还原海上丝绸之路贸易场景、珊瑚礁生态修复过程等,打造沉浸式教学空间。

3.实施"海洋经典阅读计划",遴选《更路簿》《南海诸岛地理志略》等典籍,开展"经典导读＋田野调查"双轨教学。

(二)专业课程渗透工程

1.制定《海洋文化融入专业课程建设指南》,在海洋科学类专业设置"海洋文化遗产保护"模块,旅游管理专业增设"海洋生态旅游规划"方向。

2.建立"海洋＋X"交叉课程群,如"海洋法政实务"(法学＋海洋科学)、"智慧海洋旅游"(计算机＋旅游管理),培养复合型人才。

3.推行"双师同堂"教学模式,邀请南海渔民、深海科考队员等实践导师与专业教师联合。

(三)思政课程提质工程

1.打造"向海图强"思政金课,将南海维权案例、深海科考精神等转化为教学案例库。

2.开发"行走的思政课"路线,组织学生赴三沙市、崖州湾科技城等开展现场教学。

3.建立"海洋强国"微专业,设置1学分课程模块,纳入第二课堂成绩单认证体系。

二、实践平台升级:打造"海陆空"立体化育人场景

(一)深海科研实践平台

1.与中国科学院深海科学与工程研究所共建"深海科创实验班",实施"本科导师制＋项目制"培养模式。

2.设立"奋斗者"号科考船实习岗位,每年遴选10—20名优秀学生参与远洋科考任务。

3.建设海洋大数据分析中心,开放南海环境监测、渔业资源评估等真实项目供学生实训。

(二)蓝色志愿服务平台

1.构建"高校—社区—景区"三级志愿服务网络,常态化开展红树林保育、珊瑚礁修复等行动。

2.建立"海洋公益服务学分银行",将志愿服务时长转化为创新创业学分。

3.培育"海洋小卫士"青少年科普团队,组织大学生指导中小学生开展海洋课题研究。

(三)国际交流合作平台

1.建立中国—东盟海洋青年领袖训练营,每年举办海洋治理模拟联合国会议。

2.开发"数字孪生南海"国际慕课,面向共建"一带一路"国家开展在线海洋文化教育。

3.设立"南海奖学金",资助优秀学生赴新加坡国立大学、悉尼大学等开展联合培养。

三、师资队伍锻造:实施"双师四能"提升计划

(一)建立海洋思政导师库

1.聘请南海老船长、非遗传承人等担任特聘思政导师。

2.实施"青年教师海洋素养提升计划",每年组织20名教师赴南海岛礁驻点调研。

3.开展"课程思政教学设计大赛",设立海洋文化专项赛道。

(二)构建协同育人共同体

1.与南海博物馆、中国(海南)南海研究院共建教育实践基地。

2.建立"海洋思政工作坊",定期举办跨学科教学研讨会。

3.开发《海洋文化育人案例集》,建立教学资源共享平台。

四、评价机制创新:构建"三维六度"质量监测体系

维度	观测指标	评估方式	责任主体
价值塑造	海洋强国认同度	量表测评＋行为观察	马克思主义学院
知识掌握	海洋通识课程达标率	课程考核＋知识竞赛	教务处
实践能力	海洋科研项目参与度	项目成果＋导师评价	科研处
国际视野	跨文化交流能力	国际赛事获奖＋外语测评	国际处
创新素养	海洋领域双创成果	专利论文＋竞赛获奖	创新创业学院
社会贡献	海洋公益服务时长	服务认证＋社会反馈	团委

五、协同机制深化:建立"五方联动"保障体系

1.政策协同:争取教育部"海洋文化育人实验区"专项支持,将海洋思政纳入海南省"十五五"教育规划。

2.资源协同:成立海南海洋文化育人联盟,整合省内8所高校、12家涉海企业、6个科研院所资源。

3.空间协同:建设"环岛海洋育人走廊",串联三亚崖州湾、文昌航天城等10个实践教学基地。

4.数字协同:开发"智慧海洋育人平台",实现课程资源、实践项目、师资力量的云端共享。

5.评价协同:建立第三方评估机制,委托中国高等教育学会开展育人成效追踪研究。

六、实施保障与预期成效

1.组织保障:可成立由校党委书记牵头的海洋文化育人领导小组,建立"月度调度+学期评估"工作机制。

2.经费保障:设立年度专项经费500万元,积极争取教育部新文科研究与改革实践项目支持。

3.制度保障:修订人才培养方案,将海洋文化育人指标纳入院系考核体系。

4.预期成效:三年内实现涉海专业课程思政覆盖率100%,学生海洋素养达标率提升40%,培育3—5个国家级海洋文化育人品牌。

综上可知,本设计通过构建"课程—实践—师资—评价—协同"五位一体的实施路径,既传承了海南海洋文化精髓,又对接了自贸港建设需求,更回应了新时代思想政治教育创新要求。各高校可依据此框架制定实施细则,形成可复制、可推广的海洋文化育人"海南模式",为全国区域特色文化资源融入立德树人工作提供范式参考。

第二章　黎苗文化与海南高校立德树人工作

第一节　海南黎苗文化概述

多民族融合是海南文化的一大特色。千百年来,海南黎苗人民在创造丰富的物质文明之际,亦孕育出了海南地域特色显著且民族风情独特的黎苗文化。海南黎苗民众的生产劳作、日常生活、节庆仪式及婚丧习俗等民俗形态,兼具旅游价值与海南文化体系之重要构成地位。

黎苗文化可细分为物态、符号与观念三大维度。物态文化囊括建筑、服饰、生活器具等实体元素,如船形屋、闻名遐迩的纺织技艺与民族服饰、文身图纹、实用独木器皿、尚在沿用的古老陶器以及黎医苗药等,它们生动映现了黎苗人民特有的生活方式与民族特质。符号文化涵盖歌谣、音乐舞蹈、礼仪习俗等象征表达,借由寓言寓意展现黎苗人民乐观坚韧的民族魂魄。观念文化则深入触及道德、宗教信仰等思想领域,诠释黎苗文化深层意蕴,诸如诚实守信、勤劳勇敢、尊老爱幼、团结协作、热忱待客等优良传统美德。

一、海南黎族文化

黎族是我国南方的一个古老的民族,以海南岛为主要聚居地。黎族人民是海南岛最早的居民。在我国古籍上很早就有关于黎族先民的记载。西汉以前以"骆越",东汉以"里"、"蛮",隋唐以"俚"、"僚"等名称,来泛称我国南方的一些少数民族,其中也包括海南岛黎族的远古祖先。

考古发掘表明,黎族先民与百越民族有一定的渊源。海南岛原始文化遗址与两广大陆同属一个文化系统,属岭南百越文化,黎族与百越民族的后裔壮、傣、布依、侗、水等民族有共同的族源;海南岛许多黎语地名与广西壮族自治区、广东省高州、雷州等地不少地名在语音与语义方面非常接近甚至相同,它们完全属于壮侗语言系统。

"黎"这一族称最早正式出现在唐代后期的文献上,唐末刘恂在《岭表录异》中就有"儋（州）振（州）夷黎海畔采（紫贝）以为货"的记载。但普遍作为黎族的专用族称，则是在宋代以后才开始固定下来，并沿用至今。"黎"是他称，是汉民族对黎族的称呼。黎族称汉族为"美"，意即"客"，他们以汉人为客人，自己则以土著自居。黎族内部因方言、习俗、地域分布等差异有"哈"（过去作"侾"）、"杞"（又称"岐"）、"润"（过去汉称"本地黎"）、"美孚"、"赛"（过去称"德透黎"或"加茂黎"）等不同的自称，但在对外交往时一般都自称为"赛"，赛是其固有的族称。黎族语言属汉藏语系壮侗语族黎语支。由于与汉族长期接触，大多数黎族群众都能兼说汉语，通用汉文。过去黎族没有本民族文字，均使用汉字，1957 年党和政府曾帮助创制了以拉丁字母为基础的黎文。

根据《中国统计年鉴2021》统计，中国境内的黎族人口数为1602104 人，主要聚居在海南省的陵水、保亭、三亚、乐东、东方、昌江、白沙、琼中、五指山等县市，其余散居在海南省境内的万宁、儋州、屯昌、琼海等县市以及贵州等省。

海南黎族为海南岛原住民，属于中国多元民族之一，其历史可追溯至约4000 年前。黎族积淀了丰厚的历史文化遗产，包括独特的语言、文字、服饰、饮食、音乐、舞蹈、建筑等多元文化标识。无论古老如文身、陶器、葫芦舟、船型屋，还是较先进的骨雕、皮画、黎锦、龙被等，皆为黎族独有的文化遗产瑰宝。

在信仰层面，黎族传统社会尚未形成系统宗教，仍处于原始宗教阶段，崇尚万物有灵，广泛实践图腾崇拜、自然崇拜与祖先崇拜。执行宗教仪式的巫师，男性称"道公"、女性称"娘母"，通常兼事生产，仅在必要时主持占卜等活动。道教在黎族社会影响显著，而佛教、基督教等影响相对有限。

黎族传统禁忌众多，涵盖生活、生产、生育、节日、丧葬、婚姻、宗教、狩猎诸领域，中华人民共和国成立以来，此类现象已有显著改观。黎族丧葬通常采用土葬，各地葬俗因地域、方言差异而异。五指山腹地，人死后以鸣枪报丧，男子葬于本村氏族公墓，外嫁女子则归娘家治丧并葬于娘家墓地。

黎族传统服饰文化内涵丰富，各方言区间差异显著，尤以女子服饰为甚。历史上曾以传统服饰作为区分不同血缘集团与部落群体的重要标志。女子服饰多为直领或无领，对襟上衣或套头式上衣，配以长短筒裙，束发脑后，插骨簪或银簪，披绣花头巾，饰耳环、项圈、手镯。男子一般结额前或脑后发，着无领对胸开襟上衣，下穿腰布（吊襜），美孚黎男子上衣与女子样式相近。

部分哈、杞、美孚、润黎老年妇女至今仍保持文身习俗。黎族日常三餐以大米为主，喜食"山兰"香米。生鱼、肉与炒米粉混合，加盐封入陶罐制成的肉茶、鱼茶，乃黎家特色腌制品。男子好烟酒，槟榔为女子嗜好，食用时伴贝壳灰，以青蒌叶包裹，食后唇呈红色。

黎族传统民居多为简朴茅草房，五指山腹地常见船形屋，以竹木构建骨架，覆以茅草，地板以藤竹制成，离地约半米。

黎语属汉藏语系壮侗语族黎语支，与壮语、布依语、傣语、侗语、水语等有密切亲缘关系，语音、语法、词汇共享诸多共性。黎语保留古越语语法特征，如倒装结构，修饰语后置，如"鸡肉"说为"肉鸡"，"县前"说为"前县"。

黎族口头文学丰富，民间故事与歌谣占据重要地位，如《大力神》《鹿回头》《勇敢的打拖》《甘工鸟》《五指山大仙》等作品，凸显民族特性，颂扬英雄人物，记载劳动人民征服自然事迹，描绘黎族风情，传递黎族人民情感。

黎族音乐与民歌密不可分，几乎人人能歌，善以歌抒怀。民歌句式常见五言或七言，节奏韵律丰富，易于传唱，有独唱、对唱、重唱、齐唱等多种演绎方式，曲调或婉约抒情，或高昂激越，反映黎族人民淳朴、乐观、耿直、刚毅的性格。黎族乐器有鼻箫、口弓、水箫、洞箫等。鼻箫以鼻吹奏，音色柔和；口弓以竹片或铜片制成，弹弓发声，节奏自由；水箫音色清脆响亮。

黎族舞蹈如《钱铃双刀舞》《打柴舞》《舂米舞》等，富有民族生活气息。《打柴舞》以双长棍为道具，舞者跳跃其间，随节奏快慢展示各类动作，活泼欢快，诙谐热烈，深受黎族群众喜爱。

此外，黎族工艺品如黎锦、黎陶、石刻艺术等，展现出黎族独特的审美观与艺术创新精神，为中华多元文化画卷增色添彩。

二、海南苗族文化

苗族是海南岛的世居民族之一。海南现有苗族人口8万余人，居海南少数民族人口总数的第二位。苗族有本民族语言，没有本民族文字。海南苗语属于汉藏语系苗瑶语族中的瑶语支。全岛苗族语言统一，没有方言差异。海南苗族自称"金门"或"金第门"。

苗族迁移海南岛始于明嘉靖至万历年间，从广西等地作为兵士被朝廷征调到海南，撤防后一些苗族士兵落籍海南，也有一部分因谋生而移居海南岛，至今已有400多年的历史。

海南的苗族和云南、广西的瑶族的生活习俗和文化传统基本一样,这恰恰说明海南的苗族是主要从广西、云南迁入,和广西、云南的瑶族同根同源,之所以出现苗族(海南的苗族)和瑶族名称上的差异,估计是民族界定出现了偏差。实际上,海南的苗族跟贵州、湖南等地的苗族在语言、服饰、风俗习性方面存在很大差异,或者说不是同一民族。海南的苗族实际上是广西、云南瑶族的支系之一。

海南的苗族,在海南各地差别并不大。有趣的是,在海南四大世居民族当中,汉族大多居住在广阔的平原地带,黎族人大多住在山区(山脚下),苗族人大多居住在山区中的高山上,回族人大多居住在海边以捕鱼为生。中华人民共和国成立前,苗族散居在山林里,他们依山而居,通常过着"一年一砍山,两年一搬家"的砍山为园的游耕生活,喜爱狩猎,以山为食。因为苗族人常年居住在山上,跟外界相对封闭且集中居住在同一个村里,所以大多苗村保留着比较完好的苗族文化。共同的信仰、共同的语言、共同的生活习俗构成了海南特色的苗族。生活在汉族区域的苗族和生活在黎族区域的苗族,由于分别受到汉文化习俗和黎文化习俗影响,在生活习俗方面又有些许不同,但总体上没有多大差别。

以前,苗族村寨实行"村老"和"山甲"制度。"村老"苗语称"洋戈",是苗族村寨里的核心人物、自然领袖、首领,深受人们尊敬。每个苗族村寨不管有多少个姓氏、家庭,大家都要推举村寨里最有威望的长者来担任"村老"。其职责是调解纠纷,处理村寨内外事务,维持社会秩序等等。当选"村老"的条件是识汉字、能讲黎语和汉语、生产经验丰富、家庭经济充裕、秉公办事、有号召力、兼道公身份。选村老的时间一般在农历六月六日(即神农节),由村内公选。公选程序是先将符合条件的人名写在2块木卜(阴阳木)板上,由上届"村老"将写有名字的2块木板丢在地上,谁的名字出现次数多谁就当选"村老"。

海南苗族妇女头顶束发,包扎一块绣有图案的方巾,上身穿无领、右开襟、长及膝的长衣,腰间绑一条布带,下穿蜡染短裙。男子穿无领右襟上衣,下穿长裤。苗族男女服饰均以湛蓝为主色,服饰有着极强的民族特色,织绣工艺讲究,花纹丰富,色彩艳丽,点蜡染是海南苗族织绣特有的技艺。

苗族婚姻为一夫一妻制，男女自由恋爱，通过"以拧示爱""咬手定情""以捏示爱"等方式表达恋情。苗族婚姻有男娶女嫁、招郎入赘、做郎换、做娘换四种方式。传统婚姻以男子入赘形式较为常见，时间为 1 至 5 年不等。招郎入赘，可以分到父母的财产；"做郎换"即男方入赘女方家几年后再带妻子回男家居住；"做娘换"即女方到男家几年后再带丈夫回娘家居住。

海南苗族有自己的民族信仰。海南苗族宗教信仰主要为祖先崇拜，敬奉盘古皇为始祖，每年二月初二和六月初六都做粽粑祭奠，同时信仰墓主仙公、墓主仙婆。自然崇拜也在海南苗族占有重要地位，他们信奉山鬼、海龙公、土地公、灶王公等，每次砍山、狩猎都要祭告山鬼保佑。苗族人没有自己的文字，但他们把对世界的认识绣在苗绣上。苗家的歌舞或法事活动，实际是一种祭祀活动，苗家的"龙喜苗家""招龙舞""盘皇舞"有生命生殖繁衍的思想内涵，它们或者表达祈求平安、吉祥的生命观念；或者表达风调雨顺、生活祥和的思想期盼；或者表达敬奉祖先、感恩天地的人类最原始的思想。

中华人民共和国成立以前，很少有文献记载海南苗族的经济生活。据清光绪《崖州志》记载："又有一种曰苗黎，凡数百家。常徙移于东西黎境……时出城市贸易……至今犹善用药弩。辫发衣履，与民人同。惟妇女孩子黎明装。皆能升木如猱，不供赋税，不耕平土，仅伐岭为园，以种山稻。一年一徙，岭茂复归。死则火化，或悬树杪风化。善制药着弩末，射物，虽不见血亦死……"《感恩县志》记载："（苗人）不耕平土，仅伐山为园，以种山稻，一年一移，岭茂复归。"可见，"刀耕火种"曾经是海南苗族传统的生产方式。

综上所述，海南黎苗文化以其悠久的历史、独特的生态智慧、丰富的表现形式以及在现代社会中的传承与发展，展现了中华民族多元一体格局中的独特魅力。对黎苗文化的深入研究、有效保护与合理利用，不仅有利于保护人类文化多样性，也有助于推动海南社会经济文化全面发展，为构建人与自然和谐共生的美丽海南提供深厚的文化支撑。

第二节　海南黎苗文化的育人价值

海南黎苗文化作为中国南方边陲的一颗璀璨明珠,以其独特的民族风情、深厚的历史底蕴和丰富的非物质文化遗产,为高校立德树人工作注入了独特且富有价值的教育资源。作为我国少数民族文化的重要组成部分,海南黎苗文化蕴含着深厚的历史底蕴、独特的生态智慧与丰富的人文内涵,其在育人方面的价值不容忽视。

一、承继民族魂脉,铸就文化自信之基

海南黎苗文化,是黎苗民族的精神象征与文化徽记,其悠久历史演进过程中积淀的坚韧不屈、勤勉睿智、崇尚自然、和谐共融等特质,犹如一座丰饶的精神矿藏,为当代大学生提供了深厚的精神滋养与价值启示。系统研习黎苗文化的起源脉络、发展历程、民俗传统、艺术形态等多元面向,有助于青年学子深度洞察黎苗民族在历史长河中如何面对自然灾害的严峻考验、社会变革的剧烈冲击以及文化交融的复杂态势,从而展现出非凡的生存智慧、创新活力与坚韧意志。

首先,黎苗人民在恶劣自然环境中求生存、谋发展的智慧与勇气,是其精神特质的鲜明体现。他们在山川林泽间开拓家园,巧妙利用自然资源,发展农耕渔猎,建造适应环境的独特居所。如黎族的船型屋与苗族的吊脚楼,展现了人与自然和谐共生的理念与实践。这种在逆境中不屈不挠、勇往直前的精神风貌,为大学生树立了直面困难、勇于挑战的生活态度与社会责任感。

其次,黎苗民族对自身传统文化的坚守与创新,是其文化自信的基石。他们珍视并传承丰富多彩的非物质文化遗产,如黎锦编织技艺、苗族银饰制作、芦笙歌舞等,既保留了民族文化的独特基因,又在传承中赋予其时代新意,实现了传统文化与现代生活的有机融合。此外,黎苗人民对生态环境的尊重与保护意识尤为突出,他们遵循自然规律,维护生物多样性,形成了人与自然和谐相处的生态文明观,为大学生提供了可持续发展的绿色理念与行动范例。

再者,黎苗民族对民族团结的珍视与维护,彰显了中华民族大家庭中各民族和睦相处、共同繁荣的价值追求。他们通过丰富多彩的民族节庆、集体祭祀、互帮互助等社会交往形式,强化了族群间的纽带,弘扬了团结协作、互助友爱的社会风尚,为大学生树立了尊重差异、增进共识、携手前行的民族团结意识。

通过深入学习海南黎苗文化,大学生不仅能深刻领悟中华民族多元一体格局的形成历程与内在逻辑,增进对中华优秀传统文化的认同感与自豪感,更能在此基础上铸就坚实的文化自信。这种文化自信不仅表现为对本民族文化的挚爱与传承,更体现为对其他民族文化乃至全球多元文化的尊重、包容与借鉴。在全球化、信息化浪潮带来的文化冲击与挑战面前,具备文化自信的大学生能够坚守中华文化之根,积极吸纳世界文化精粹,为构建具有中国特色、中国风格、中国气派的社会主义文化体系贡献青春力量,同时积极推动中华优秀传统文化在新的历史条件下实现创造性转化、创新性发展,使之焕发出更加璀璨的时代光芒。

二、弘扬生态智慧,铸牢环保意识之基

海南黎苗文化,犹如一颗璀璨明珠镶嵌于海南岛热带雨林生态系统的繁茂绿洲之中,其深邃的生态理念与智慧,犹如生命之树的根脉,深深扎根于对自然环境的敬畏、保护与合理利用的实践中。这种生态智慧不仅是黎苗民族生存智慧的结晶,更是对人类与自然和谐共生哲学的生动诠释,对当代大学生树立环保意识、践行绿色生活具有深远的启迪意义。

黎族的"山兰稻"种植技术,堪称黎族人民与自然和谐共生理念的鲜活例证。他们依据热带雨林生态系统的独特性,巧妙利用山地斜坡地貌,开辟出一片片"山兰田",既有效利用了土地资源,提高了粮食产量,又最大限度地减少了对生态环境的破坏。这种因地制宜、顺应自然的耕作方式,充分体现了黎族人民对生态系统平衡的尊重,对生物多样性保护的重视,以及对自然资源可持续利用的智慧。山兰稻田不仅是黎族人民生活的重要依托,更成为海南岛生态景观中的一道亮丽风景线,见证了人与自然和谐共生的美好画面。

苗族的"梯田农业",则是苗族人民在崇山峻岭之间,以山为田、以水为脉,创造出的一幅幅层次分明、错落有致的梯田画卷。他们依山势开垦,顺水源布局,巧妙利用地形落差与水资源,成功将原本陡峭荒芜的山坡转化为适宜水稻生长的良田。这种梯田农业模式,不仅展现了苗族人民与自然环境巧妙博弈、和谐共处的卓越智慧,更揭示了他们对水资源的高效利用、对土壤保持的精细管理以及对生物链维护的深刻理解。梯田不仅是苗族人民生生不息的生命源泉,更是人与自然和谐共生的生态艺术品,为全球生态农业与山区开发提供了宝贵的实践经验。

通过对海南黎苗文化生态智慧的学习与领悟,大学生能够深入理解人与自然和谐共生的哲学内涵,深刻认识到保护生态环境对于人类生存与社会可持续发展的极端重要性,从而自觉地将尊重自然、珍爱生命、保护环境的环保意识融入日常行为之中。这种环保意识不仅体现在对生态环境的直接保护行动上,如参与植树造林、生态保护志愿活动等,更体现在对资源使用的审慎态度与理性选择上,如倡导节能减排、循环经济,选择绿色消费、低碳出行,以及在生活中厉行节约、反对浪费等。

具备环保意识的大学生,将在日常生活中身体力行,积极推广绿色生活方式,参与各类环保公益活动,成为生态文明建设的倡导者与实践者。他们将环保理念内化为个人价值观的一部分,外化为实际行动的力量,为推动全社会形成尊重自然、顺应自然、保护自然的良好风尚,为实现经济社会发展与生态环境保护的双赢,为构建人与自然和谐共生的美丽家园,奠定坚实的思想基础与行动力量。

三、浸润黎苗艺术瑰宝,砥砺审美素养与创新思维

海南黎苗文化的艺术殿堂,犹如一座璀璨的宝藏,蕴藏着音乐、舞蹈、服饰、工艺等多种艺术形态,以其独特的艺术风格和深厚的审美意蕴,为大学生开启了一扇通往多元美学世界的大门,赋予他们丰富而深刻的审美体验,同时激发其创新思维,助力他们在艺术探索与实践中绽放个性光彩。

黎族的音乐舞蹈艺术,如黎歌与打柴舞,是黎族人民生活的生动写照与情感寄托。黎歌以质朴深情的歌词描绘黎族人民对生活的挚爱、对自然的敬畏以及对爱情的纯真向往,其优美动听的旋律如山泉般清澈,流淌着黎族大地的韵律。打柴舞则以其欢快活泼的舞步、热烈奔放的节奏,再现了黎族人民劳动之余的欢庆场景。舞者们踏歌起舞,仿佛在与大自然对话,展现出人与自然和谐共舞的生动画面。这些艺术形式以其鲜明的民族特色和浓郁的生活气息,赋予学生直观且强烈的审美冲击,使他们在欣赏中感受黎族人民对生活的热爱与对艺术的真诚。

苗族的艺术瑰宝,如苗歌与盘皇舞,则以其婉转悠扬的曲调与细腻传神的舞蹈,编织出一幅幅饱含历史记忆与未来憧憬的艺术长卷。苗歌如同苗族人民的心灵之歌,唱出了对故土的深深眷恋、对历史的虔诚回望以及对美好未来的憧憬期待。盘皇舞作为苗族祭祀仪式的重要组成部分,以其庄重神秘的舞蹈语言,诉说着苗族的历史传说与族群信仰。舞者们身着华丽服饰,随着古老乐曲翩翩起舞,仿佛穿越时空,带领观众步入苗族文化的神秘殿堂。这些艺术形式以其深厚的历史底蕴与独特的民族风情,拓宽了学生的审美视野,深化了他们对多元文化美学的理解。

黎锦、苗绣、竹编等黎苗民族的手工技艺,更是艺术与生活的完美交融,以其精美的图案、精致的工艺与独特的风格,彰显了黎苗民族非凡的艺术创造力与执着的审美追求。黎锦以其斑斓的色彩、繁复的图案,讲述着黎族的历史故事与自然崇拜;苗绣以针线为笔、布匹为纸,绣出一幅幅栩栩如生、寓意深远的民族画卷;竹编工艺则以竹为材,巧手编织,创制出实用美观的生活用品与艺术品。这些传统技艺的研习与传承,不仅能提升学生的动手能力与审美品位,更能在潜移默化中培养他们对传统文化的尊重与热爱,激发他们对传统技艺进行创造性转化的兴趣与动力。

通过深入欣赏、系统学习乃至亲身实践海南黎苗艺术,大学生不仅能全面提升自身的审美素养,锻炼对美的敏锐感知、深刻理解和独特创造能力,更能从黎苗艺术中汲取丰富的创新灵感与精神养分。黎苗艺术中蕴含的创新精神、个性表达与民族特色,如同点燃创新思维的火花,激励学生打破常规,勇于尝试,将自己的艺术理念与现代元素相结合,创作出兼具时代特色、民族特色与个性特色的作品,推动黎苗文化在现代社会中实现创造性转化、创新性发展。

不仅如此,黎苗艺术的创新思维还具有广泛的辐射效应,能够启迪现代设计、艺术创作、影视作品等多个领域。学生可以将黎苗艺术的元素与理念融入现代设计中,赋予产品独特的文化内涵与视觉魅力;在艺术创作中借鉴黎苗艺术的表现手法与情感表达,创作出富有深度与感染力的作品;在影视作品中运用黎苗艺术的故事线索与视觉符号,构建富有民族风情与地域特色的影像世界。这样的跨领域应用,不仅能使黎苗艺术焕发出新的生机与活力,更为社会发展、文化繁荣注入源源不断的创新动力,促进多元文化的交流互鉴与共同繁荣。

四、熔铸民族团结之魂,构筑社会和谐基石

黎苗文化作为黎苗民族与其他民族沟通交流的桥梁与纽带,蕴含着包容开放精神与和谐共处特质,在增进民族团结、推动社会和谐方面扮演着至关重要的角色。黎苗文化的多元性与包容性,不仅是黎苗民族自身文化特质的体现,更是其与各民族在历史长河中相互尊重、相互学习、共同发展的生动写照。

黎苗文化中的传统习俗、节日庆典、民间艺术与口头文学等丰富多彩的表现形式,犹如一部部活生生的历史教科书,记录了黎苗民族与其他民族间频繁互动、深度融合的历史轨迹。如黎族的"三月三"节庆、苗族的"苗年"庆典,既是各自民族精神生活的重要载体,也是各民族共襄盛举、共享欢乐的公共舞台,充分展示了各民族间跨越界限、和谐共融的美好景象。黎苗民族的传统手工艺、歌舞表演、民间故事等,更是不同民族文化基因交织融合的产物,它们在传承民族智慧的同时,也承载着各民族间文化交流与情感共鸣的宝贵记忆。

通过对黎苗文化多元性与包容性的深入认知,以及对其与各民族友好交往历史的全面了解,大学生能深刻领悟到民族多元文化共存的价值与意义,从而在内心深处根植尊重差异、包容多样、和谐共处的民族团结意识。这种意识不仅表现为对本民族文化的热爱、守护与传承,更表现为对其他民族文化的好奇、接纳与尊重,对民族团结这一国家稳定与发展基石的深刻认同与自觉维护。在日常的学习、生活中,具备民族团结意识的学生将展现出尊重他人文化背景、理解他人观念差异、善于沟通协商、积极化解矛盾的能力,成为构建和谐校园、和谐社区乃至和谐社会的积极力量。

五、架设国际交流之桥,塑造全球胜任力人才

黎苗文化作为海南岛乃至中国的一张独特文化名片,其鲜明的地方特色与深厚的历史底蕴使其在国际文化舞台上具有较高的知名度与影响力。参与黎苗文化的国际交流活动,如黎苗文化节、国际学术研讨会、文化交流项目等,为大学生提供了一个观察世界、理解他者、提升跨文化交流能力的宝贵窗口。在此过程中,学生得以深入了解黎苗文化在全球文化语境中的地位与价值,学习如何以开放的心态、包容的视角解读不同文化现象,如何以有效的沟通策略跨越文化障碍,如何以平等的态度尊重并汲取异域文化的精华。这些经历无疑有助于提升学生的全球视野与国际竞争力,使他们成长为具备跨文化交际能力的时代新人。

与此同时,黎苗文化的对外传播,不仅增进了国际社会对中国少数民族文化的认识与理解,提升了海南及中国在国际上的文化软实力,更在无形中推动了中华文化的国际传播,促进了世界各国人民对中华民族多元一体格局的认知,为构建人类命运共同体贡献了独特的文化力量。

综上所述,海南黎苗文化在育人方面的价值全方位、多层次地体现在传承民族精神、弘扬生态理念、提升审美素养、增进民族团结、拓展国际视野等诸多维度。它为培养具有文化自信、环保意识、创新思维、民族团结意识、全球视野的高素质人才提供了丰富而独特的教育资源。因此,高等教育机构应充分挖掘、有效整合黎苗文化资源,将其有机融入教育教学全过程,通过课程教学、实践活动、校园文化建设、师资队伍培养与国际合作等多种途径,系统提升学生的黎苗文化素养,为培养适应新时代要求、具有家国情怀与全球视野的社会主义建设者与接班人提供强有力的文化支撑与精神滋养。

第三节　海南黎苗文化融入海南高校立德树人工作的实践探索

海南黎苗文化作为海南地域特色的核心要素,正深度融入海南高校立德树人工作,逐渐形成了以课程体系创新、育人平台实践、文化传承创新、协同机制构建为路径的育人体系,并开展了可贵的实践探索。

一、课程体系创新:非遗进课堂与学科交叉融合

海南多所高校将黎苗非遗技艺纳入课程体系,形成"非遗进课堂"的特色模式。

海南师范大学附属三亚学校构建了多维度的非遗教学体系。音乐课堂系统教授灼吧、叮咚、鼻箫等黎族传统竹木乐器合奏技法(累计开设专项课程18门);体育教学创新编排特色竹竿舞课间操,年均组织3000人次参与训练;美术课程开发黎族船型屋模型制作、传统剪纸艺术等实践模块,学生完成创意设计

图 50 余种。该校首创"玩—做—创"三阶教学:通过非遗游园会、民乐体验日等 12 类趣味活动激发认知兴趣(每年覆盖学生 2800 人次);开设黎锦编织、陶艺制作等 6 个手作工坊深化技艺掌握;最终导向文创产品开发,形成《黎纹新语》系列作品集,包含服饰设计、装饰画作等 78 件创新成果。数据显示,该校非遗课程学生满意度达 92%,相关实践成果获省级教学成果奖 1 项。

海南热带海洋学院艺术学院系统构建黎族音乐传承体系。学校设置"黎族竹木器乐演奏""黎族民歌演唱"省级一流本科专业课程,形成"田野采风—舞台展演—学术研究"三维培养链条。教学模块包含年均 4 次的黎村田野考察(覆盖五指山、保亭等 12 个传统村落),年均 20 场的《黎音山海》主题展演,以及"黎族音乐文化符号解码"等 6 门学术研讨课程。近三年指导学生完成"鼻箫声纹数据库建设"等 12 项创新课题,在 CSSCI 期刊发表《黎族民歌的海洋文化意象解析》等论文 10 篇。该院黎族音乐教学成果获海南省教育教学成果一等奖,学生团队凭借黎族元素作品《海月谣》获第十一届全国海洋航行器设计与制作大赛特等奖。

海南大学构建了跨学科黎锦传承体系。学校面向全校开设《黎锦织造》公选课(年均选课人数超 200 人),配套设置"黎锦纹样数字化设计""非遗 IP 开发"等 6 门拓展课程。动画专业开展"纹样解码"专项训练,完成"黎锦图谱矢量数据库"建设,收录传统纹样 217 种;旅游文创专业实施"非遗＋"项目制教学,近三年产出"织月"系列服饰、"船屋密码"盲盒等 89 件作品,其中 8 项获"挑战杯""互联网＋"省级金奖。2024 年,学校组织 2022 级旅游文创与动画专业师生赴琼中开展非遗研学,开发出黎族医药香囊、数字纹样丝巾等 50 余种教学衍生品,部分作品通过"南海记忆工作坊"平台实现成果转化。

三亚学院艺术学院构建了系统的黎族技艺传承机制。2019 年成立黎族古法纺染织绣技艺研究中心,配套开设"黎锦纹样解码""非遗数字化保护"等 5 门专业课程;连续 6 年举办"三亚的冬天"学生服装设计大赛,2024 年第十五届大赛展出"织月""雨林密码"等 23 个黎族元素系列作品,其中"蓝海图腾"系列作品运用黎族传统鱼纹、蛙纹进行现代解构,获"最佳文化传承奖"。该院建立"纹样数据库—设计转化—产品孵化"全链条培养模式,累计收录黎族传统纹样 186 种,指导学生开发出黎锦主题箱包、首饰等 47 类文创产品,3 项作品入选海南省非遗衍生品名录。数据显示,近三年该院黎族主题毕业设计占比提升至31%,相关作品获省级以上设计奖项12项。

二、实践育人平台:田野调查与产学研协同

(一)田野调查与学术研究结合

海南大学联合琼中黎母山镇开展非遗研学,构建了产学研深度融合的非遗传承模式。2024年12月,海南大学"和美山海"乡村振兴实践队组织旅游文创与动画专业师生赴琼中黎母山镇开展四天三夜田野调查,系统实施"五个1"工程——开展1次黎族长桌宴饮食文化考察、完成1套竹竿舞动作数字化采集、建立1个"黎族三宝生态图谱"数据库(收录纹样217种、民歌82首)、开发1批文旅融合产品、形成1篇核心期刊论文。研学期间完成黎锦编织、母山咖啡加工等12项技艺实录,采集《织月》《甘工鸟》等非遗歌舞影像资料46小时。通过"非遗+电商"模式孵化黎药香囊、纹样丝巾等50余种文创产品,在淘宝"黎创工坊"实现销售额突破80万元。校地联合培养非遗讲解员43名,带动当地"黎母山非遗旅游线路"年度客流量增长35%。

(二)产学研协同服务地方

海南热带海洋学院构建了"政产学研用"一体化发展模式。2021年与崖州湾科技城共建创新研究院,下设黎苗非遗产业化研究中心,重点推进黎锦纹样数据库建设(收录传统纹样306种)、苗绣数字化保护(完成12项专利转化)等6大专项。研究院联合当地7家非遗工坊开发出苗绣智能设计系统,实现传统纹样3D建模与自动生成,孵化"黎纹密码"系列箱包、"苗岭霓裳"主题服饰等89类产品,2024年销售额突破1200万元。人才培养方面,创新开设"非遗旅游产品开发""文化遗产数字化"等8门交叉课程,实施"双导师制"(校内教授+非遗传承人),近三年培养237名"非遗+旅游"复合型人才,毕业生主导设计的"雨林之声"黎锦主题民宿获评海南省十大文旅新业态。校地联合实施"非遗进景区"工程,在呀诺达、槟榔谷等AAAAA景区设立实践基地,年均输送讲解员、体验师等专业人才83名,带动相关景区非遗产品销售额年均增长27%。

琼中县创新构建"非遗工坊"模式,以"人才+非遗"双轮驱动实现文化传承与经济发展双赢。通过重点打造7家主营黎锦服装、苗绣服饰、非遗文创等方向的非遗工坊,搭建起集设计研发、生产销售、研学培训于一体的产业化平台。工坊通过"高校＋传承人"协同创新机制,将海南职业技术学院等院校的设计成果转化为50余种兼具传统韵味与现代审美的文创产品,其中黎锦苗绣手提包、蜡染丝巾等系列产品年销售额突破300万元。

三、文化传承创新:非遗活化与国际传播

(一)非遗数字化与活态传承

海南高校运用数字化技术革新非遗传播取得显著成效。例如海南大学依托"南海记忆工作坊",构建"数字非遗"创新矩阵,开发VR黎族村寨场景模拟系统,通过三维建模技术1:1还原五指山地区黎族传统船型屋建筑群,完整呈现黎锦织造、竹木器乐制作等12项非遗技艺流程,已累计完成2700余名学生的虚拟实践教学。该系统创新设置"非遗传承人数字分身"功能,实现国家级传承人王金梅等8位大师的技艺动作捕捉与AI交互教学,使学习者可通过虚拟现实设备进行黎族骨簪雕刻等精密工艺的沉浸式训练。该校同步建设"海南非遗数字基因库",运用高精度扫描技术完成黎族缬染纹样、苗族蜡染图谱等632组传统纹样的数字化建档,开发出智能纹样重组系统,为文创设计提供数字素材支撑。工作坊创建的"非遗云课堂"平台已上线"黎族纺染织绣技艺""海南苗族民歌"等9门数字课程,累计开展跨校直播教学47场,覆盖省内8所高校1.2万名学生。其创新成果获全国大学生数字媒体科技作品竞赛一等奖等12个奖项,孵化的"织梦南海"团队运用数字化技术改良黎锦织机效率提升40%,相关技术已应用于琼中、五指山等地7个非遗工坊。

这种"科技＋文化"的传播模式突破时空限制,使非遗传承呈现年轻化态势。数据显示,参与项目的学生中,92.6%增强了民族文化认同感,37%选择从事非遗相关创新创业。当前该校正在推进"AI非遗传播官"项目,计划通过大语言模型构建非遗知识问答系统,为海南自贸港建设培育兼具数字素养与文化底蕴的复合型人才。

(二)国际传播与跨文明对话

海南黎苗文化通过国际化合作实现"出圈",构建了民族性与世界性对话的立体框架。在文化互鉴层面,2024年五指山黎苗童声合唱团与法国宝丽声合唱团完成双向互访:5月,五指山黎苗童声合唱团赴法演绎《把五指山唱给法兰西》等融合黎苗转音技法的改编民歌;10月,法国团队访琼期间,双方在毛纳村

共跳黎族打柴舞、体验黎锦纺染技艺，实现"以童声破壁"的跨文化实践。在非遗创新维度，黎锦以联合国"急需保护非遗"身份登陆 2024 巴黎春夏女装周，国际设计师 Vivienne Tam 与本土织娘历时 8 个月完成"LA 黎"系列，将黎族传统甘工鸟纹、人形纹等 12 种核心纹样，通过 3D 提花技术转化为当代服饰语言，单场秀即吸引 37 国买手关注。这种"原典解码＋时尚转译"模式，使千年黎族文化图谱首次进入全球奢侈品供应链体系。

跨文明对话的深层逻辑在于构建"差异共容"的传播生态。海南大学郑立波教授提出"三维突破论"：当代供给维度，开发黎锦纹样数据库与 AI 虚拟织娘系统；价值供给维度，提炼黎族"三色线"（黑、蓝、红）色彩哲学中的生态智慧；民间供给维度，建立"传习所＋国际工作坊"双轨制，已培育 137 名持证织娘参与跨国合作。数据显示，2024 年黎苗文化海外传播项目触达受众超 2300 万人次，较 2020 年增长 17 倍，印证了"在传统根系上嫁接现代枝条"的传播效能，为民族文化出海提供了可复制的范式。

四、协同机制构建：校地联动与人才培养

（一）校地合作与资源整合

1.琼中县深化校地协同机制，与海南大学共建"和美山海"乡村振兴实践基地，形成"高校智库＋地方非遗"的产学研融合模式。在该合作框架下，系统推进"非遗进校园"工程，构建起"民歌、民舞、民服"三位一体的非遗传承教育体系。通过设立校园非遗展览、开设"非遗公益小课堂"、聘请 9 名传承人担任专职教师等创新形式，累计开展非遗技艺传习活动覆盖 3 万人次青少年。其中，华中师范大学琼中附属中学等学校将黎锦元素融入校服设计，实现非遗活态传承与校园美育的有机融合。这一模式创新性地将高校学术资源与地方非遗基因相结合，既构建起"课堂传习—工坊实践—市场转化"的完整培育链条，又通过文旅融合实现文化价值与经济价值的双重提升，为少数民族地区非遗传承探索出可复制的"琼中路径"。

2.海南师范大学创新构建榕树实践育人体系，与地方政府深度协同打造校地合作新模式。通过体制机制创新，学校成立创新教育与实践教学中心，出台《"榕树计划"实践育人平台建设实施方案》等系列文件，形成"党委统筹＋校地协同＋多元评价"的管理机制，系统性整合校内外资源网络。实践平台建设方面,构建覆盖全省的"5+4"基地矩阵,包括300余个专业实践基地、60个志愿服务基地、80个双创基地及20个思政实践基地,实现全域资源联动。校地协同成果显著,累计培育初创企业100余家,转化专利306项,获得各类支持资金300余万元。通过榕树青年宣讲团、志愿服务专业化培训体系等载体,推动非遗文化传播与青年职业发展深度融合,形成"文化传承—实践育人—社会服务"的良性循环,为海南自贸港建设输送兼具文化素养与实践能力的新质人才。

（二）人才引育与激励机制

琼中县构建了多层次非遗人才发展体系,实施"非遗传承人补助计划",五年累计发放补助97.1万元,惠及126名县级以上非遗传承人;创新建立"三江黎苗文化名家"人才库,对入库人才实施重点培养和动态管理。在评价机制方面,琼中出台了《非物质文化遗产项目代表性传承人认定与管理暂行办法》,规范县级传承人认定标准,已开展三批认定工作。激励机制上设置不低于20%的黎苗文化人才专项评选比例,2024年首届"十佳人才"奖中有2名非遗传承人获奖。

深化校地合作培养模式,海南医学院、海南职业技术学院等高校聘请9名非遗传承人担任特聘教师,将黎苗技艺纳入教学体系。实施"南海工匠"专项支持计划,累计投入24.84万元支持王金梅黎锦工作室、赵海金苗绣蜡染坊等项目建设。同步开展培训工程,通过42期专项培训培育1862名技艺人才,建成7家非遗工坊实现"培训+就业"联动,带动653名脱贫人员就业,人均年收入达14.68万元。建立"非遗进校园"长效机制,开发50余种文创教具,组织3万人次学生参与非遗实践,形成梯次培养体系。

五、挑战与对策

（一）学科交叉深度不足

当前海洋科学与民族学、旅游管理等学科融合仍存在表层化问题,尚未形成系统化的跨学科研究体系与实践路径。以海南民族文化资源开发为例,涉及南海文化遗产保护、黎族海洋民俗研究等交叉领域时,学科间的理论对话不足,缺乏协同创新的课程载体与实践平台。建议借鉴海南师范大学"榕树实践育人体系"的跨学科整合经验,通过三重路径深化融合:其一,构建"海洋+民族文化"课程矩阵,开发"南海水下考古与文化遗产保护""黎族海洋生态智慧与可持续发展"等特色课程,将民族学田野调查方法融入海洋资源研究;其二,依托学校全国首批"大思政课"实践教学基地、国家大学科技园等9个国家级省级平台,创建海洋民族文化协同创新实验室,促进琼崖渔村文化保护、热带海洋旅游规划等跨学科项目孵化;其三,强化校地协同机制,利用海南师范大学已建立的300余个专业实践基地、60余个志愿服务基地网络,组织海洋科学专业师生深入黎苗聚居区开展"海洋民俗口述史""热带海岸带传统聚落保护"等实践活动,实现学术研究与地方文化传承的双向赋能。该校在第十八届"挑战杯"红色专项中斩获全国一等奖的"五指山市毛纳村生态产业化路径探索"项目,正是通过民族学与生态学交叉研究黎族茶药文化取得的突破性成果,印证了这一模式的可行性。

(二)国际化传播瓶颈

非遗国际化需突破"单向输出"模式。

海南热带海洋学院与东盟高校共建的"南海—东盟文化研究院"为此提供实践路径。该校通过深化国际科研合作,整合海南黎苗文化研究与南海区域研究,主办"自由贸易港建设中的民族教育与乡村振兴学术研讨会"等国际论坛,推动民族文化与海洋文明的互鉴共生。其中,南海文化博物馆累计接待国际访客8万余人次,并编制多语种文化读本,构建双向对话平台。

海南大学国际传播学院的经验则凸显技术赋能的可行性。郑立波教授团队提出"文化供给侧改革",倡导以AI、虚拟现实等技术打造沉浸式非遗展馆,将黎锦纹样等传统符号转化为数字艺术资产。例如五指山黎锦国际化培养班与国际设计师合作,通过巴黎时装周实现"传统纹样+现代设计"的共生表达,推动非遗从静态展示转向动态交互。

两校实践表明,非遗国际化需以"双向需求对接"为核心,既要依托校际合作搭建学术共研网络(如热海院与法国、泰国等高校的联合培养机制),也要借助科技手段重构文化叙事逻辑,在虚拟空间形成"全球共创"的传播生态,最终实现从文化输出到价值共鸣的跨越。

综上可知,海南高校通过课程重构、实践创新、文化活化和协同机制,将黎苗文化深度融入立德树人全过程,既培养了学生的文化自信与家国情怀,又为自贸港建设输送了兼具本土特色与国际视野的人才。未来需进一步整合政策红利(如自贸港教育开放政策),强化数字化与国际化双轮驱动,使黎苗文化从"活化石"转化为"新质生产力",助力中华文化全球传播。

第四节 海南黎苗文化融入海南高校立德树人工作路径优化设计

基于前述理论分析与探索实践,结合海南自贸港建设战略需求与高校思想政治教育高质量发展目标,本节从"课程体系重构、实践平台升级、资源整合机制、师资队伍培育、评价体系创新"五大维度提出系统性优化路径,构建具有海南特色的文化育人生态系统。

一、构建"三维立体"课程体系,深化文化育人内涵

(一)实施"基础+拓展+创新"三级课程模块

1.基础认知层:可由海南省教育厅统筹,海南大学牵头开发"海南黎苗文化概论"省级在线开放课程,面向全省高校开设通识必修模块。课程采用"理论讲授+虚拟体验"双轨模式,配套建设 VR 黎苗村寨数字博物馆,实现全省高校学分互认。

2.专业拓展层:海南师范大学等师范院校可开设"黎苗艺术教育""非遗教学法"等教师教育课程;海南热带海洋学院设立"海洋文明与民族文化"交叉学科方向,开发"南海渔猎文化""热带雨林生态智慧"等特色课程群。

3.创新实践层:三亚学院等可联合非遗工坊开设"黎苗文创工作坊",实施"双导师制"项目化教学,孵化学生创新成果,2029 年前实现全省高校"非遗传承创新实践课"全覆盖。

(二)推进"四维融合"教学模式改革

1.时空融合:建设"5G+全息"智慧教室,实现黎族传承人远程实时授课。琼中县可建立"移动非遗课堂"巡回教学体系,年均开展田野教学 200 课时。

2.学科融合:海南大学等可组建"民族文化与人工智能"跨学科团队,开发黎锦纹样智能生成系统,开设"AI 非遗设计"等前沿课程。

3.评价融合:推行"过程性档案+创新成果转化"综合评价体系,将学生参与非遗项目纳入第二课堂学分认证。

4. 校地融合:建立"高校—传承基地—非遗工坊"三位一体实践网络,确保每个专业对接 2 个以上实践基地。

二、打造"四链协同"实践平台,提升育人实效

(一)构建"产学研创"全链条育人机制

1. 研究链:海南师范大学等可设立"南海民族文化研究院",每年发布《海南非遗蓝皮书》,建立国内首个黎苗文化基因库。

2. 转化链:海南热带海洋学院等可建设"非遗创新工场",配套 500 万元创投基金,重点支持黎药化妆品、苗绣智能设计等项目。

3. 产业链:三亚学院等可联合天涯海角景区打造"非遗主题研学走廊",开发文化体验线路,接待实践学生。

4. 传播链:可组建"海南非遗青年传播团",运用短视频、元宇宙等技术开展国际传播,计划 2029 年前培育 100 名"Z 世代非遗网红"。

(二)实施"三阶递进"实践育人计划

1. 认知阶段:大一学生开展"文化寻根"田野调查,完成《我的非遗手账》实践报告。

2. 深化阶段:大二学生参与"非遗＋"双创项目,至少掌握 1 项传统技艺。

3. 创新阶段:大三学生完成文化产品研发,大四实现成果转化或学术发表。

三、完善"多元共治"资源整合机制,强化实施保障

(一)建立"五位一体"协同机制

1. 政府主导:省委宣传部可设立"黎苗文化育人专项基金",每年投入相当金额支持重点项目。

2. 高校主责:海南大学等高校可成立"文化育人工作委员会",纳入学校"十五五"规划重点工程。

3. 行业协同:省旅文厅可牵头组建"海南非遗教育联盟",吸纳省内外文博机构、景区参与。

4. 传承人参与:可实施"非遗大师驻校计划",2029 年前实现每校常驻 3 名以上传承人。

5. 国际联动:可与东盟 10 国高校共建"海上丝绸之路文化研究院",定期举

办黎苗文化国际论坛。

(二)构建"双轮驱动"保障体系

1.制度保障:可出台《海南省高校文化育人实施办法》,明确将黎苗文化传承纳入高校考核指标。

2.数字赋能:可建设"海南文化云"平台,集成在线课程、虚拟展馆、数字藏品等模块,实现资源全域共享。

四、实施"金字塔型"师资培育工程,夯实人才基础

(一)构建三级师资培养体系

1.基础层:建议全省高校教师每年完成20学时黎苗文化专题培训,纳入职称评审参考条件。

2.骨干层:可选拔百十名"文化育人先锋教师",赴台湾、云南等地开展比较研究。

3.专家层:培育数个省级名师工作室,重点攻关文化育人重大课题。

(二)创新"三维能力"提升路径

1.文化阐释力:可定期举办"黎苗文化解码工作坊",提升教师传统文化转化能力。

2.教学创新力:可开展"文化＋课程思政"教学设计大赛,持续培育精品案例。

3.国际传播力:可选派骨干教师参与 UNESCO 非遗保护项目,培养跨文化传播专家。

五、建立"四维评价"质量监测体系,确保实施成效

(一)构建"过程—结果—影响"三维评价模型

1.过程性指标:课程开设率、实践基地利用率、师资培训达标率等。

2.结果性指标:学生文化素养测评通过率、非遗创新成果转化率等。

3.影响性指标:毕业生文化自信度、用人单位满意度、社会美誉度等。

(二)实施"双线反馈"改进机制

1.内部质量保障:建立高校文化育人质量年报制度,实施"红黄绿"三色预警。

2.外部评价监督:引入第三方评估机构,每三年开展一次育人成效评估。

六、实施保障

1.组织保障:可成立由分管副省长任组长的省级专项工作组,建立季度联席会议制度。

2.经费保障:可统筹教育部"文化传承基地"专项、自贸港建设基金等渠道,确保投入到位。

3.技术保障:可依托海南自贸港区块链试验区,建立文化育人数字台账,实现全过程可追溯。

质言之,本路径设计建议由海南省教育厅统筹实施,海南大学、海南师范大学等高校具体承接,省民宗委、旅文厅协同推进。通过"目标量化、责任到校、动态调整"的实施策略,确保到2029年实现全省高校黎苗文化课程覆盖率100%、实践平台建成率100%、师资培训合格率95%以上,为新时代海南高校思想政治教育高质量发展注入强劲文化动能。

第三章 海南冼夫人文化与海南高校立德树人工作

第一节 海南冼夫人文化概述

冼夫人文化,以其深厚的历史底蕴、鲜明的地方特色与广泛的社会影响,成为海南历史文化脉络中璀璨夺目的瑰宝。这一文化现象以冼夫人这位中国历史上杰出的女性政治家、军事家为核心,承载着丰富的历史记忆、独特的价值观念以及对现代社会具有深远启示意义的精神遗产。

一、冼夫人:历史人物与文化符号

冼夫人,这位被尊称为冼太夫人、谯国夫人的伟大女性,以其卓越的历史贡献和深远的文化影响,成为南北朝至隋朝时期岭南地区少数民族领袖的典范。冼夫人,名为冼英,出生于公元522年,逝于602年。其一生跨越三个朝代,见证了历史的风云变幻,却始终坚守对国家统一、民族团结与地方发展的矢志不渝的追求。

冼夫人出身于高凉郡(今广东省茂名市一带)显赫的俚人世家,家族背景为其提供了丰厚的文化土壤和独特的社会视野,自幼便展现出超乎常人的智慧与胆识,这为其后来在政治、军事领域的卓越表现奠定了坚实基础。她不仅是一位杰出的政治家,以敏锐的政治洞察力和深思熟虑的战略决策,成功驾驭复杂的政治局势;同时也是一位出色的军事家,以其勇猛无畏、智勇双全的形象,屡次在战场上立下赫赫战功。更为难能可贵的是,冼夫人还以高尚的道德风范赢得了广泛的尊敬与爱戴,她的言行举止无不体现出公正无私、仁爱宽厚的品格,堪称古代女性道德楷模。

冼夫人的历史功绩集中体现在以下几个方面:

1. 捍卫统一的坚定斗士

在国家面临分裂危机之时,冼夫人表现出对中央政权的坚定拥护。她积极参与平定侯景之乱,其果断行动对恢复南方秩序起到了关键作用。随后,她又明智地支持陈霸先建立新朝,为结束混乱局面、重建国家秩序贡献力量。及至隋朝统一南北,冼夫人审时度势,顺应历史潮流,率众归顺中央,此举不仅维护了岭南地区的稳定,也有力地巩固了国家的统一,为后世树立了忠诚于国家、勇于担当的典范。

2. 促进民族融合的卓越使者

冼夫人深知多元文化共存与民族和谐的重要性,她积极倡导并实践民族间的交流与融合。通过联姻策略,她巧妙地将俚人与汉人以及其他各族人民紧密联系在一起,增强了各民族之间的亲近感与信任感。同时,她鼓励开展互市贸易,促进了不同民族间的经济交流,增进了彼此的物质利益共享。此外,她还倡导共治理念,邀请各族首领共同参与地方治理,实现了不同文化背景下的社会治理创新。这些举措有效消除了民族间的隔阂,营造了和谐共生的社会氛围,对岭南地区长期的稳定与繁荣起到了决定性作用。

3. 推动地方治理的改革先锋

在海南岛的治理上,冼夫人展现了卓越的行政能力与远见卓识。她"请命于朝"设立崖州,使海南岛重新回归中央政权的直接管理,推动中国再次出现大一统。她大力推广先进的农耕技术,提高了农业生产效率,为海岛经济的繁荣奠定了基础。同时,她重视文化教育,引进中原文化教育资源,提升了当地民众的文化素质,加速了海南岛与中原文明的接轨。通过加强行政管理,冼夫人成功将海南从一个边陲之地转变为区域内的政治、经济与文化中心,极大地推动了海南历史的发展进程。

作为历史人物,冼夫人的政治智慧、军事才能与高尚道德风范在历史长河中熠熠生辉;作为文化符号,她象征着忠诚爱国、智慧勇敢、公正和谐以及对地方发展的深切关怀。她的生平事迹与精神遗产,不仅深深地烙印在岭南地区的历史文化中,更成为中华民族宝贵的精神财富,对后世产生了深远影响。时至今日,冼夫人依然被海南人民乃至全国人民尊崇为"岭南圣母",其事迹与精神通过各种形式的文化传承与纪念活动,在新时代继续焕发生机与活力。

二、冼夫人文化的内涵与特征

冼夫人文化,作为一种深厚且独具特色的地域文化现象,根植于冼夫人这位历史人物的生平事迹与精神特质之中,其核心是对冼夫人人格魅力与历史功绩的纪念与传承。这一文化内涵丰富多元,特征鲜明突出,不仅在历史长河中熠熠生辉,更在现代社会中持续焕发出鲜活的生命力与时代价值。

1. 忠贞爱国。冼夫人对国家的忠诚,以及对民族团结的执着追求,构成了冼夫人文化最为核心的爱国主义精神内核。她一生致力于维护国家统一,无论身处何种政治动荡或民族纷争之中,始终坚守对中央政权的拥护,坚决反对分裂割据,为国家领土完整与社会稳定贡献了巨大力量。这种对国家的赤诚之心,对民族团结的矢志不渝,使之成为后世尊崇的道德楷模,其忠贞爱国精神成为冼夫人文化中鼓舞人心、凝聚共识的重要元素。

2. 智慧勇敢。冼夫人的政治智慧与军事谋略,以及面对危机时的临危不惧,展现了女性领导者的卓越风采,颠覆了传统社会对女性角色的认知。她凭借超群的智慧,巧妙应对复杂的政治博弈,制定出符合时宜的战略决策,展现了卓越的政治家风范。在军事领域,她不仅亲自率军征战,屡建奇功,而且在军事指挥与战术运用上展现出常人难以企及的胆识与智谋。这种智慧与勇敢的结合,不仅打破了性别界限,也为后世树立了女性领导力的典范,丰富了冼夫人文化的内涵。

3. 公正和谐。冼夫人在社会治理中提倡法治,主张公平正义,致力于消除民族间的隔阂,倡导各民族和谐共处。她深知法治是社会秩序的基石,公平正义是民心所向,因此在地方治理中积极推动法律制度的完善与执行,力求做到公正无私。同时,她通过各种方式促进汉俚及其他各民族之间的交流与融合,构建了一个多元文化共生、各民族和谐共处的社会格局,为后世提供了处理复杂民族关系、实现社会和谐的历史借鉴。这一公正和谐的理念,构成了冼夫人文化中关于社会公正与民族和谐的重要理念,对现代社会依然具有深刻的启示意义。

4. 好心精神。"唯用一好心"是冼夫人行为的准则,也是冼夫人文化中最独特的精神标识。她一生秉持"好心",以慈悲为怀,以民为本,无论是平叛安民,还是推动地方发展,都始终将民众福祉置于首位。这种一心向善、无私奉献的好心精神,被提炼为"好心文化",深深植根于海南社会的价值观念之中,成为当地民众普遍认同并身体力行的价值导向。好心精神不仅塑造了海南人民善良淳朴的民风,也在公共生活中形成了乐于助人、和谐共处的社会风尚,成为冼夫人文化中最具感染力与社会影响力的特质。

洗夫人文化内涵丰富,特征鲜明,涵盖了忠贞爱国、智慧勇敢、公正和谐以及好心精神等多个维度。这些特质不仅生动诠释了洗夫人的历史形象,也深刻影响了海南乃至岭南地区的社会文化风貌,成为连接历史与现代、传统与创新、个体与集体、本土与全球的重要文化纽带。在当代社会,洗夫人文化仍以其深厚的历史底蕴与鲜明的时代价值,持续激发着人们的爱国情怀,启迪着社会治理的智慧,滋养着社会和谐的土壤,引领着公众道德的风尚,成为海南乃至中华文化宝库中一颗璀璨夺目的明珠。

三、洗夫人文化的传承与发展

洗夫人离世后,其辉煌的事迹与高尚的精神并未随岁月流逝而淡去,反而在民间广为传颂,逐渐升华为一种深入人心的信仰文化——洗夫人信仰。这一信仰文化以其独特的生命力和感召力,成为连接历史与现代、民众与英雄、本土与世界的重要纽带。

在海南岛,洗夫人信仰的具体表现形式丰富多彩,深入人心。各地建有多座洗夫人庙宇,如海口市龙华区的洗太夫人纪念馆、洗夫人文化广场,海口市琼山区的冯宝洗夫人纪念馆等,它们不仅是民众朝拜、寄托情感的场所,也是传承洗夫人文化的重要载体。每年,海南各地都会举办盛大的祭祀庆典,如"军坡节""中国(海口)洗夫人文化节"等,这些活动集民间艺术表演、商贸集市于一体,吸引了大量民众参与,形成了独特的民间信仰实践与文化传承场景。在这些活动中,人们通过虔诚的祭祀、热烈的歌舞、生动的戏剧表演等形式,生动再现洗夫人的英雄事迹,表达对她的敬仰之情,传承其忠诚、勇敢、公正、仁爱的精神内涵。

除了民间信仰活动,洗夫人文化还通过文学、艺术、学术研究等多元形式得到了丰富展现与广泛传播。文学作品如小说、诗歌、戏剧等,以艺术化的手法再现洗夫人的生平事迹,揭示其精神世界的深度与广度,使更多人得以了解和感悟洗夫人的伟大人格;艺术创作如绘画、雕塑、影视作品等,通过视觉形象直观展示洗夫人的风采,赋予这一文化符号以鲜明的视觉冲击力,加深公众对洗夫人文化的认知与认同;学术研究则从历史学、民族学、社会学等多学科视角深入探讨洗夫人文化的历史源流、社会功能、现代价值等问题,为洗夫人文化的传承与发展提供了理论支撑与智力支持。

在现代社会,冼夫人文化不仅被视为海南地方文化的鲜明标志,更被赋予了新的时代价值:

1. 社会凝聚力。冼夫人文化以其强大的精神感召力,凝聚了海南各民族的共同情感,强化了地方身份认同,成为维系社会和谐、增进民族团结的重要精神纽带。无论是在日常生活中的习俗传承,还是在关键时刻的团结协作,冼夫人文化都起到了凝聚人心、提振士气的作用,有力地促进了海南社会的和谐稳定与民族团结。

2. 道德教化。冼夫人文化所蕴含的忠诚、勇敢、公正、仁爱等价值观,为当代社会道德教育提供了丰富的教育资源。学校、社区、家庭等教育机构和场合,常以冼夫人的事迹为教材,引导青少年树立正确的世界观、人生观、价值观,培养他们忠诚祖国、热爱家乡、敢于担当、乐于奉献的优秀品质。冼夫人文化在道德教化方面的独特作用,对培育公民良好品格、提升社会道德水平具有重要意义。

3. 文化旅游。冼夫人文化及其相关民俗活动、历史遗迹,共同构成了海南独特的文化旅游资源。依托这些资源,海南开发了一系列以冼夫人为主题的旅游产品,如冼夫人文化游、军坡节体验游、冼夫人故里寻踪游等,吸引了国内外大量游客前来参观、体验,有力推动了海南文化旅游产业的发展,为地方经济增长、就业增加、城乡建设等做出了积极贡献。

4. 国际交流。作为中国女性英雄的典范,冼夫人文化在国际文化交流中展现了中华优秀传统文化的独特魅力,提升了海南乃至中国的文化软实力。在对外文化交流活动中,冼夫人文化以其跨越时空的独特价值、鲜明的地域特色和深厚的人文内涵,引发了各国友人的浓厚兴趣和高度赞赏,成为增进中外人民友谊、深化文化交流合作的重要桥梁。

海南冼夫人文化是历史人物与地方文化深度融合的产物,它以冼夫人为象征,凝聚了岭南地区的历史记忆、民族精神与地方智慧。这一文化现象在传承中不断创新,既保持着深厚的地域特色,又展现出与时俱进的时代活力,对海南乃至全国的文化建设、社会进步与国际交流具有重要价值。在新的历史条件下,我们应进一步挖掘、保护和传承冼夫人文化,使其在弘扬社会主义核心价值观、推动社会进步、促进民族团结、增强文化自信等方面发挥更大作用,为实现中华民族伟大复兴的中国梦贡献力量。

第二节 海南冼夫人文化的育人价值

海南冼夫人文化,以其深厚的历史底蕴、鲜明的地域特色以及广泛的群众基础,不仅在海南地方文化中占据着重要地位,更在育人领域彰显出独特的价值。本节将深入探讨海南冼夫人文化在培育个体品德、传承民族精神、提升文化素养及促进社会和谐等方面的育人价值。

一、塑造个体品德

冼夫人,这位历史上杰出的女性领袖,以其忠诚、勇敢、公正、仁爱的人格特质赢得了后世的敬仰。海南冼夫人文化蕴含的道德理念,为个体品德的塑造提供了丰富的教育资源。

忠诚爱国。冼夫人一生致力于维护国家统一和社会安定,其忠诚于国家、心系百姓的高尚情操,为当代青少年树立了忠于国家、热爱祖国的榜样。通过对冼夫人事迹的学习,个体能够深刻理解并内化忠诚于国家、服务社会的价值观,培养强烈的国家认同感和民族自豪感。

英勇果敢。面对复杂的政治局势与军事冲突,冼夫人展现出非凡的胆识与魄力,她的英勇行为激励后人面对困难与挑战时,敢于担当、勇于进取。这种精神品质对于培养青少年坚韧不拔的意志力、独立解决问题的能力具有重要指导意义。

公正无私。冼夫人在治理地方时,秉持公正无私的原则,深受百姓爱戴。她的公正精神对于培养个体公平正义的价值取向、尊重法律规则、维护社会公正具有深远影响,有助于构建诚实守信、公正公平的社会风气。

仁爱宽厚。冼夫人关爱百姓、体恤民情,其仁爱之心体现了儒家伦理的核心价值。通过学习冼夫人文化,个体能够深化对仁爱、宽容、互助等美德的理解,养成关爱他人、和谐共处的善良品质。

二、传承民族精神

海南冼夫人文化作为岭南地区民族精神的璀璨瑰宝,其丰富的内涵与深远的影响力,对强化民族身份认同、激发民族自豪感起到了至关重要的作用。冼夫人,这位历史上卓越的女性政治家、军事家,其生平事迹与精神风貌,生动诠释了中华民族自强不息、团结奋斗的民族精神。

首先,冼夫人在维护民族团结、促进边疆稳定方面的贡献,堪称典范。她以卓越的政治智慧和军事才能,成功调解各民族矛盾,推动民族间经济文化交流,实现了岭南地区长治久安,充分展现了中华民族团结一心、共同抵御外侮、追求和平统一的决心与智慧。通过研习冼夫人文化,个体不仅能深入了解这一段民族团结的历史佳话,更能深刻认识到民族团结对于国家统一、社会稳定的重要性,从而增强对中华民族共同体的归属感,进一步铸牢中华民族共同体意识。

其次,冼夫人文化对民族精神的传承,体现在其对忠诚、勇敢、公正、仁爱等传统美德的弘扬上。冼夫人一生忠诚于国家,致力于民族团结,其高尚情操和伟大功绩,激发了人们对民族精神的敬畏与向往,激励后人效仿其忠诚爱国、勇敢担当、公正无私、仁爱宽厚的精神品质。对这种民族精神的传承,有助于在全社会树立正确的历史观、民族观,为构建和谐社会、实现中华民族伟大复兴提供强大的精神动力。

三、提升文化素养

海南冼夫人文化内容丰富,涵盖了历史、文学、艺术、民俗等多个领域,为提升个体文化素养提供了广阔的学习平台。通过对冼夫人相关历史文献的研读,个体可以深入理解岭南地区的历史变迁、社会风俗,丰富历史知识,提升历史思维能力。欣赏以冼夫人为主题的文学艺术作品,如诗词、戏曲、绘画等,既能领略到冼夫人形象的艺术魅力,又能感受到中华优秀传统文化的艺术韵味,从而提升审美素养,增强对本土文化的审美感知与艺术鉴赏力。

参与冼夫人文化节庆活动,如祭祀庆典、军坡节等,更是个体亲身体验、深度融入本土文化的重要途径。这类活动不仅能让个体直观感受冼夫人文化的民俗风情,更能通过实地参与、互动体验,增进对本土文化的理解和尊重,提高文化认同感。同时,对冼夫人文化的探究,能激发个体对中华优秀传统文化的兴趣,引导其深入探究中国历史文化,增进对中国历史文化的整体认知与深度理解,从而全面提升个体的文化素养。

四、促进社会和谐

冼夫人文化在海南社会生活中发挥着不可替代的作用,其祭祀庆典、军坡节等活动,不仅是当地的重要文化传统,更是强化社区凝聚力、增进民族团结的有效载体。这些活动不仅传承了冼夫人文化的精髓,更通过集体参与、共同庆祝,强化了社区成员之间的联系与互动,营造了团结友爱、和谐共处的社会氛围。冼夫人文化所倡导的忠诚、勇敢、公正、仁爱等价值观,对构建和谐人际关系、维护社会稳定具有积极的导向作用。它们为社会道德规范的建构提供了坚实基础,有助于提升公民道德素质,促进社会公平正义,为构建和谐社会提供了强大的精神支撑。

总而言之,海南冼夫人文化作为富有教育意义的地方文化资源,其育人价值体现在对个体品德的塑造、民族精神的传承、文化素养的提升以及社会和谐的促进等多个层面。在当今社会,应进一步挖掘冼夫人文化的教育内涵,将其融入教育体系,通过课堂教育、社会实践、文化活动等多种方式,让广大青少年及社会公众从中汲取精神养分,为培养具有高尚品德、深厚文化底蕴、强烈社会责任感的时代新人贡献力量。同时,应加大对冼夫人文化的保护与传承力度,推动其创造性转化、创新性发展,使其在新时代焕发出更加璀璨的光彩,为中华民族伟大复兴提供源源不断的精神动力。

第三节 海南冼夫人文化融入海南高校立德树人工作的实践探索

海南冼夫人文化作为中华优秀传统文化的重要组成部分,近年来在海南高校立德树人工作中发挥了独特的育人价值。海南冼夫人文化融入高校立德树人工作的实践探索已形成多层次、立体化的育人体系,通过课程建设、校园文化浸润、社会实践创新、师资队伍建设等多维度协同推进,构建起具有海南特色的文化育人范式。

一、课程思政与专业教育融合:构建冼夫人文化育人课程体系

1.思政课程专题化教学改革

海南高校将冼夫人文化纳入"思想道德与法治""中国近现代史纲要"等思政课程,开发"冼夫人文化与中华民族共同体意识""冼夫人精神与新时代爱国主义"等专题模块。例如,海南师范大学历史文化学院李现红副教授团队在"中国古代社会文化史"课程中增设"冼夫人与岭南民族融合"章节,通过分析冼夫人"请命置崖州""汉俚联姻"等历史事件,阐释中华文化多元一体格局的形成过程。琼台师范学院在"中华民族共同体概论"课程中,结合冼夫人"唯用一好心"理念,设计"从冼夫人看海南民族团结实践"案例教学,引导学生理解铸牢中华民族共同体意识的历史逻辑。

2.专业课程文化元素渗透

各高校注重将冼夫人文化融入专业教育。海南大学人文传播学院在民俗学课程中开设"海南军坡节文化内涵"专题,组织学生调研冼夫人信俗活动;美术学院开展"冼夫人形象艺术创作"工作坊,学生通过雕塑、绘画等形式再现冼夫人历史功绩。琼台师范学院文学院将冼夫人诗词纳入"海南地方文学史"教学,分析王弘诲《新建谯国诚敬夫人庙碑》等文献中的文化符号。三亚学院旅游管理专业开发"冼夫人文化遗产旅游"课程模块,探讨文化资源活化利用路径。

3.校本课程特色化开发

海南高校积极开发冼夫人文化校本课程。海南科技职业大学开设"冼夫人文化概论"通识选修课,系统讲授冼夫人历史功绩、文化内涵及其时代价值。琼台师范学院编写《冼夫人与海南教育》校本教材,梳理冼夫人"敦崇礼教"传统对海南教育发展的影响。海南大学图书馆联合海南省冼夫人研究会推出"冼夫人文化经典阅读"慕课,通过线上线下混合式教学模式,累计选课学生达1.2万人次。

二、校园文化浸润:打造冼夫人文化育人品牌活动

1.主题教育活动常态化

各高校以"冼夫人文化节""军坡节"等为契机,开展形式多样的主题教育活动。海南大学连续三年举办"冼夫人文化读书月",通过"冼夫人诗词书法展""琼剧《冼夫人》赏析""冼夫人文化知识竞赛"等活动,吸引学生广泛参与。2024年4月,该校图书馆举办"悦读经典书籍　传扬巾帼故事"主题活动,设置冼夫人文献专题书展、拓片体验、黎族刻纸工作坊等模块,参与师生达3000余人次。琼台师范学院每年组织"冼夫人文化宣讲团",深入社区、中小学开展爱国主义教育,2024年11月首站走进海口琼崖纵队红军小学,通过情景剧表演、互动问答等形式传播冼夫人精神。

2. 文化品牌项目创新

海南高校注重打造具有影响力的文化品牌。海南大学"湖畔讲坛"邀请陈雄研究员等专家作"冼夫人对海南的历史贡献"专题讲座,累计听众超 5000 人次;三亚学院举办"冼夫人文化与海上丝绸之路"国际学术论坛,吸引来自马来西亚、新加坡等国学者参与。琼台师范学院将冼夫人文化融入"三月三"黎族文化节,组织"冼夫人信俗与海南非遗"主题展演,通过琼剧、八音、木偶戏等非遗形式呈现冼夫人故事。

3. 网络文化空间拓展

各高校利用新媒体平台扩大冼夫人文化传播力。海南大学图书馆创建"冼夫人文化数字资源库",收录文献资料 2000 余篇、影像资料 500 余小时;海南省冼夫人研究会微信公众号开设"冼夫人微课堂",定期推送冼夫人历史故事、文化解读等内容,累计阅读量突破 10 万次。琼台师范学院开发"冼夫人文化虚拟展厅",运用 VR 技术还原冼夫人庙场景,学生可沉浸式体验冼夫人信俗活动。

三、社会实践创新:构建冼夫人文化育人实践平台

1. 研学基地共建共享

海南高校与地方政府、文化机构合作共建冼夫人文化研学基地。海南师范大学与海口市龙华区共建"三江冼夫人纪念馆研学基地",组织学生开展田野调查、文献整理等实践活动。琼台师范学院与茂名冼夫人纪念馆签订战略合作协议,联合开发"冼夫人文化研学路线"。2024 年暑期,海南大学组织"冼夫人文化寻根"实践团,赴高州、电白等地考察冼夫人遗迹,形成调研报告 12 篇。

2. 志愿服务项目化运作

各高校将冼夫人文化融入志愿服务体系。海南科技职业大学组建"冼夫人文化宣讲队",深入社区开展"冼夫人故事进万家"活动,累计服务群众 5000 余人次。琼台师范学院将冼夫人文化纳入师范生教育实践,组织学生在支教中开展"冼夫人精神主题班会"。三亚学院设立"冼夫人文化传承创新"大学生创新创业项目,支持学生开发冼夫人 IP 文创产品,相关成果获海南省"挑战杯"竞赛金奖。

3.红色教育与文化传承相结合

海南高校注重将冼夫人文化与红色教育相融合。海南大学组织学生参观琼崖纵队纪念馆,开展"冼夫人精神与琼崖革命精神"联学活动。琼台师范学院在"红色娘子军"研学中融入冼夫人文化元素,引导学生理解海南女性英雄文化的历史传承。2024年12月,海南省冼夫人研究会与琼台师范学院联合举办"巾帼英雄精神研讨会",系统梳理冼夫人与红色娘子军的精神关联。

四、师资队伍建设:强化冼夫人文化育人能力

1.教师研修机制建立

海南高校通过专题培训、学术研讨等方式提升教师文化素养。海南省社科联连续两年举办"冼夫人文化骨干教师研修班",邀请梁满仓、薛瑞泽等专家授课;海南师范大学组织教师赴广东茂名、阳江等地考察冼夫人遗迹,深化对冼夫人文化的理解。琼台师范学院将冼夫人文化纳入新教师岗前培训,要求教师掌握冼夫人文化核心内容。

2.学术研究平台支撑

各高校依托研究机构深化冼夫人文化研究。海南大学中华民族共同体研究基地设立"冼夫人文化与海南自贸港建设"专项课题,资助相关研究项目15项。琼台师范学院成立"冼夫人文化研究中心",出版《冼夫人文化与海南教育》等专著3部。海南科技职业大学与海南省冼夫人研究会共建"冼夫人文化数字化研究基地",开发冼夫人文化知识图谱。

3.教学创新团队培育

海南高校注重培育冼夫人文化教学创新团队。海南师范大学李现红副教授团队获海南省教学成果一等奖,其"冼夫人文化在铸牢中华民族共同体意识中的价值"研究成果被纳入《中华民族共同体概论》教材。琼台师范学院刘湘洪校长领衔的"冼夫人文化教育创新团队",开发的"冼夫人精神与师德建设"课程获国家级精品在线开放课程认定。

五、实践成效与未来展望

1.育人成效显著

通过多年实践,海南高校在冼夫人文化育人方面取得显著成效。据统计,

海南大学参与冼夫人文化活动的学生中,92%认为增强了文化自信,85%表示深化了对民族团结的理解。琼台师范学院调查显示,接受冼夫人文化教育的师范生中,90%在教学实习中主动融入冼夫人文化元素。相关成果获教育部"高校思想政治工作精品项目"等荣誉。

2.社会影响扩大

海南高校的实践探索得到社会广泛认可。2024年12月,《海南日报》专题报道海南大学冼夫人文化育人经验。海南省冼夫人研究会与澳大利亚《亚太人文》杂志社合作出版冼夫人文化专刊,向国际社会传播中国声音。

3.未来发展方向

展望未来,海南高校将从以下三方面深化实践:一是推进冼夫人文化数字化转型,建设冼夫人文化虚拟现实实验室;二是加强国际交流合作,打造"一带一路"冼夫人文化研究中心;三是深化校地协同育人,与地方政府共建冼夫人文化传承创新示范区。通过持续探索,使冼夫人文化成为海南高校立德树人的特色品牌,为海南自贸港建设培养具有深厚文化底蕴和家国情怀的时代新人。

综上可知,海南冼夫人文化融入高校立德树人工作,既是对中华优秀传统文化的传承创新,也是新时代铸牢中华民族共同体意识的生动实践。通过课程、活动、实践、师资等多维度协同发力,海南高校正将冼夫人文化转化为培育时代新人的精神滋养,为海南自贸港建设和中华民族伟大复兴提供有力的人才支撑和文化保障。

第四节　海南冼夫人文化融入海南高校立德树人工作路径优化设计

在前述实践探索的基础上,为进一步提升冼夫人文化融入高校立德树人工作的系统性、长效性与创新性,需从顶层设计、课程体系、实践平台、师资建设、评价机制等维度进行优化设计,构建"五位一体"的协同育人新格局。本路径设计立足海南自贸港建设需求,提出如下可操作性方案。

一、构建"三全育人"长效机制

(一)实施主体

建议海南省教育厅统筹,各高校党委牵头成立"冼夫人文化育人工作委员会"。

(二)具体措施

1.制度保障

将冼夫人文化育人纳入高校"十五五"发展规划,制定《海南高校冼夫人文化育人五年行动计划》,明确年度目标与考核指标。

2.资源整合

探索建立"政府—高校—社会"协同机制,与海南省民族宗教事务委员会、旅游和文化广电体育厅共建"冼夫人文化传承创新联合实验室",整合全省全部冼夫人文化遗址资源。

3.经费保障

建议设立省级"冼夫人文化育人专项基金",按生均50元左右标准划拨专项经费,支持课程开发、课题研究、实践活动。

二、深化"四维贯通"课程体系

(一)实施主体

各高校教务处牵头,马克思主义学院、文学院协同。

(二)具体措施

1.课程矩阵建设

(1)必修课:可在《习近平新时代中国特色社会主义思想概论》中增设"冼夫人文化中的治理智慧"专题。

(2)选修课:可开发"冼夫人文化数字传承""冼夫人精神与自贸港建设"等多门通识选修课。

(3)专业融合:旅游管理专业等可开设"冼夫人文化遗产旅游规划"方向,艺术设计专业设置"冼夫人IP文创设计"课程群。

2.教材体系创新

(1)推动编写《冼夫人文化读本(大学版)》,配套开发AR增强现实教材。

(2)探索建设"冼夫人文化案例库",收录大量教学案例,实现全省高校共享。

三、打造"三维立体"实践平台

(一)实施主体

各高校团委、创新创业学院、地方文旅部门。

(二)具体措施

1. 实践基地升级

(1)规划建设"环岛冼夫人文化实践带",串联海口冯宝冼夫人纪念馆、儋州宁济庙等多个省级研学基地。

(2)开发"冼夫人文化数字孪生平台",运用元宇宙技术还原隋唐时期海南社会场景。

2. 双创项目培育

(1)可设立"冼夫人文化传承"大学生创新创业专项,重点支持"AI + 冼夫人文化传播""非遗数字化保护"等项目。

(2)可举办"冼夫人杯"文化创意大赛,优秀作品可直通中国(海南)文旅博览会。

3. 志愿服务体系

(1)探索建立"高校—社区—中小学"三级宣讲网络,培育"双语宣讲团""手语宣讲队"等特色宣讲团队。

(2)可实施"千名大学生讲冼夫人故事"计划,纳入第二课堂学分认证。

四、实施"双师双能"师资培育工程

(一)实施主体

海南省高校师资培训中心、各高校人事处。

(二)具体措施

1. 能力提升计划

(1)开展"冼夫人文化育人能力认证",将文化素养纳入教师职称评审指标。

(2)实施"'双师型'教师培养计划",选派骨干教师赴冼夫人文化发源地开展田野调查。

2.教研共同体建设

(1)成立"琼粤桂冼夫人文化教研联盟",联合中山大学、广西民族大学开展协同教研。

(2)建立"文化导师库",聘请非遗传承人、地方文史专家担任实践教学指导教师。

五、建立"五维量化"评价体系

(一)实施主体

海南省教育评估院、各高校质量监控中心。

(二)具体措施

1.评价指标设计

(1)探索构建"认知—情感—行为"三维度评价模型,设置文化认同度、实践参与度等12项二级指标。

(2)可开发"冼夫人文化育人指数",实现全省高校动态监测与横向对比。

2.评估方式创新

(1)运用大数据分析学生校园卡消费轨迹、图书馆借阅记录等行为数据。

(2)引入VR情境测试技术,通过虚拟现实场景观测学生的文化价值判断。

六、创新"数字+"文化传播方式

(一)实施主体

各高校宣传部、信息化建设处。

(二)具体措施

1.智慧平台建设

(1)打造"冼夫人文化云课堂",集成慕课、虚拟展馆、数字文物等资源。

(2)开发"冼夫人文化知识图谱",构建涵盖人物、事件、文物等2000余节点的语义网络。

2.新媒体传播矩阵

(1)培育"Z世代讲冼夫人"短视频创作团队,推出"90秒看懂冼夫人"系列微视频。

(2)运营"冼夫人文化元宇宙空间",开展数字祭祀、虚拟军坡节等创新活动。

七、深化"一带一路"人文交流

（一）实施主体

海南省外事办公室、各高校国际交流处。

（二）具体措施

1. 国际课程开发

（1）探索建设英文版"冼夫人文化与国际传播"在线课程，纳入东盟高校学分互认体系。

（2）可举办"海上丝绸之路冼夫人文化论坛"，建立与东南亚冼夫人庙宇的常态化交流机制。

2. 文化 IP 出海

（1）开发多语种《冼夫人故事绘本》，通过孔子学院向海外推广。

（2）与游戏公司合作开发"冼夫人：岭南风云"策略类手游，融入海上丝绸之路贸易元素。

八、保障机制

1. 政策保障：积极推动《海南省冼夫人文化保护条例》修订，明确高校育人责任。

2. 技术保障：探索建设"冼夫人文化大数据中心"，实现全省资源数字化管理。

3. 督导机制：探索建立"季度通报＋年度考核"制度，考核结果与高校绩效拨款挂钩。

本路径设计通过构建"12345"实施体系（1 个核心目标、2 类主体协同、3 大平台支撑、4 维评价导向、5 年持续推进），确保各项措施可落地、可评估、可持续。预计到 2027 年，实现全省高校冼夫人文化课程覆盖率 100%、学生文化认同度提升 30%、培育省级示范项目 20 个，为海南自贸港建设培养具有"好心精神"的时代新人提供坚实保障。

第四章 海南东坡文化与海南高校立德树人工作

第一节 海南东坡文化概述

海南东坡文化是指以宋代大文豪苏东坡谪居海南期间的生活、创作、思想及其深远影响为核心,形成的独具海南地方特色的文化现象。它融汇了苏东坡的文学艺术成就、人格魅力、思想观念以及他在海南留下的历史遗存,对海南乃至中国传统文化产生了深远影响。本节将从苏东坡的海南生涯、文化贡献,东坡文化的历史影响及当代价值四个维度,对海南东坡文化进行概述。

一、海南生涯:困境中的拓荒与文化传播

苏轼(1037—1101),字子瞻,号东坡居士,以其博学多才、文采斐然、书画双绝而被誉为北宋文学巨擘、艺术大师,位列"唐宋八大家"之中。公元1094年,因卷入北宋晚期激烈的党派纷争,这位才华横溢的文人不幸成为政治斗争的牺牲品,被朝廷贬谪至当时被视为"天涯海角"的海南儋州。在这片遥远而陌生的土地上,苏东坡度过了长达三年的流放生涯。尽管身处人生低谷,但他以超乎常人的豁达与乐观,不仅在逆境中坚韧生存,更以积极的姿态融入地方社会,关心民生疾苦,播撒中原文化的种子,对海南的教育、农业、医药等多个领域产生了深远而积极的影响。

1.困境中的生活态度与精神风貌

面对严酷的政治打击和生活环境的巨大变迁,苏东坡并未沉溺于悲愤与哀怨,反而以一种达观洒脱的人生哲学应对困厄。他以"此心安处是吾乡"的心境接纳了海南这片土地,以"日啖荔枝三百颗,不辞长作岭南人"的诗句表达对新生活的热爱与适应。这种乐观主义精神不仅体现在他对个人境遇的超脱,更体现在他积极投入地方建设,以实际行动改善民生,展现了士大夫的责任担当与高尚情操。

2. 教育领域的开拓与启蒙

苏东坡深知教育对于开启民智、改变地方风气的重要性。在儋州,他克服种种困难,创办了当地历史上第一所学校——载酒堂(后扩建为东坡书院),亲自主持讲学,传授儒家经典与诗文创作,打破了海南长期缺乏正规教育的历史局面。他诲人不倦,广收门徒,培养了一批海南本土人才,如姜唐佐等,他们日后成为传播中原文化的中坚力量。苏东坡的教育实践,不仅提升了海南的文化水平,更为海南后世的学术发展奠定了坚实基础。

3. 农业技术的推广与改良

苏东坡关注农业生产,亲身参与农事活动,将中原先进的农业知识和技术引入海南。他指导当地农民改良农具、改进耕作方法,推广种植适合当地气候的作物,如推广麦、豆等北方作物的种植,丰富了海南的农作物种类,提高了粮食产量。他还倡导兴修水利,亲自设计并参与修建灌溉设施,如东坡井,解决了部分地区的饮水和农田灌溉问题,对改善当地农业生产条件起到了积极作用。

4. 医药卫生的普及与关怀

在医疗资源匮乏的海南,苏东坡利用自身深厚的医学知识,为当地百姓诊病施药,传授养生之道,普及基础医疗知识。他编写药方,采集草药,甚至亲自熬制药剂,救助了许多患病的当地居民。他倡导卫生习惯,改善居住环境,对提高当地居民健康水平产生了积极影响。其医者仁心的形象深入人心,至今仍被海南人民传颂。

5. 文化交融与地方文化发展

苏东坡在海南大力传播中原文化,同时积极吸收当地少数民族文化,促进了多元文化的交融。他深入黎族村寨,了解黎族风俗,写下《和陶田舍始春怀古二首》,推动了民族间的文化交流与理解。他的诗词、散文、书画等作品,描绘了海南的自然风光、民俗风情与他个人的心境,丰富了海南的地方文化内涵,提升了海南的文化品位。

苏东坡的海南生涯,虽是在逆境中的流放岁月,却成为他生命中一段闪耀着人文光辉的篇章。他以豁达乐观的人生态度、积极的社会参与和卓有成效的文化传播,深深地影响了海南的教育、农业、医药等多个领域,推动了地方社会的进步,对海南文化发展产生了深远影响,在海南历史文化中留下了浓墨重彩的一笔。苏东坡在海南的足迹与贡献,不仅体现了他个人的才情与品格,更彰显了中华文化强大的生命力与包容性,为后世树立了士人面对困境时以文化拓荒、泽被苍生的典范。

二、文化贡献:巅峰创作与海南文教奠基

在海南流放的三年间,苏东坡的文学创作达到了一个新的艺术高峰,其诗词、散文与书法作品犹如璀璨明珠镶嵌于中华文化的宝库中,不仅生动描绘了海南独特的自然景观与民俗风情,更深刻地传达了个人的际遇感慨、哲理思考与人文关怀,对后世产生了深远影响。

1. 诗歌创作:海南风土人情的诗意诠释

苏东坡以诗人的敏锐洞察力与深情笔触,将海南的自然风光与民俗风情摄入诗篇,赋予它们独特的艺术魅力。如《儋耳山》一诗,他以"突兀隘空虚,他山总不如"描绘儋耳山的峻峭独特。又如《六月二十日夜渡海》:"参横斗转欲三更,苦雨终风也解晴。云散月明谁点缀?天容海色本澄清。"通过夜海渡航的景象,寓言式地表达了自己历经政治风雨后的内心澄明与对未来希望的坚守。这些诗歌作品既是对海南景物的生动刻画,也是对个人遭际的深度抒怀,蕴含着丰富的哲理与人生况味,成为后世传诵不衰的佳作。

2. 散文创作:海南生活的细腻记录与深邃哲思

苏东坡的散文创作在海南时期同样熠熠生辉。他以真挚的情感、深邃的思想和生动的笔触记录了他在海南的生活琐事与思想感悟。苏轼在他写于海南的《题所作书易传论语说》一文中说:"吾作《易》《书传》《论语说》,亦粗备矣。"他在《与李之仪·其一》中又说:"所喜者,在海南了得《易》《书》《论语》传数十卷。"这些足以证明《东坡易传》《东坡书传》《论语说》三篇著作最终都是在海南桄榔庵内完成的。如《东坡书传》一文中,苏东坡以学者的严谨探讨儒家经典的微言大义,展现了深厚的学术功底,同样展现出他作为士大夫的人文关怀与精神追求。

3. 书法艺术:海南留存的"坡公墨宝"

苏东坡的海南时期亦留下了诸多珍贵墨迹,成为书法艺术的瑰宝。如《渡海帖》笔力雄健,气韵生动,展现了他身处逆境而不失豪迈的精神风貌;《致姜唐佐书》则笔法稳健,结体疏朗,寓刚健于婀娜,寓豪放于含蓄,既是师徒情谊的见证,又是书法艺术的典范。这些"坡公墨宝"不仅展示了苏东坡炉火纯青的书法技艺,更以其深沉的情感内蕴与人格魅力,成为后世书家研习与欣赏的重要范本。

4. 文教事业的开创与深远影响

除了个人创作的辉煌成就,苏东坡在海南还积极投身文教事业,开海南文化教育之先河。他创办载酒堂,亲自讲学授徒,传授诗文之道,培养了姜唐佐等海南本土人才,极大地提升了海南的文化教育水平。他的教育实践,不仅传播了中原先进文化,也激发了当地民众的学习热情,为海南地区日后形成浓郁的学术氛围与文化底蕴奠定了基础。苏东坡的教化之功,使海南从文化边陲之地一跃成为人文荟萃之所。其影响深远,直至今日海南仍尊崇东坡文化,视其为地方文化的重要组成部分。

苏东坡在海南期间的文化贡献是全方位且深远的。他的诗词、散文与书法作品,以海南为背景,熔铸个人情感与哲理思考,为后世留下了宝贵的艺术遗产;他在教育领域的开创性工作,则直接推动了海南文教事业的发展,深深地影响了当地的文化教育格局。苏东坡在海南的文化足迹,不仅是他个人创作生涯的华彩篇章,更是中华优秀传统文化在边疆地区薪火相传、生生不息的生动例证。

三、海南东坡文化的历史影响

苏东坡在海南的活动与贡献,对海南历史文化产生了深远而持久的影响,不仅提升了海南的文化地位,促进了文化交流与融合,塑造了地方精神风貌,还留下了丰富而宝贵的历史文化遗产,对后世具有深远的历史启示。

1. 文化地位提升与文化名胜形成

苏东坡以其卓越的文学艺术成就,赋予海南前所未有的文化内涵与艺术魅力,极大地提升了海南的文化地位。他的诗词、散文与书法作品,生动描绘了海南的自然景观与人文风貌,使之从鲜为人知的边陲之地转变为富含诗意与哲理的文化名胜。苏东坡的创作不仅丰富了中华文学宝库,更为海南赢得了广泛的文学声誉,使其成为文人墨客向往之地,为后世所津津乐道。海南因苏东坡而被赋予了深厚的文化底蕴,成为中华大地上的文化瑰宝之一。

2. 中原文化传播与区域文化交流融合

苏东坡在海南的流放岁月，推动了中原文化与海南本土文化的交融互动。他积极传播儒家思想、诗词书画等中原文化精粹，推动了海南与中原的文化交流与融合。他的讲学活动吸引了当地及周边地区的学子，开启了海南地区的正规教育之门，使中原先进的教育理念与学术风尚在海南落地生根。这种文化交融促进了海南社会的知识普及、思想启蒙与文明进步，对于打破地域隔阂、增进民族团结、提升海南整体文化素质具有重要意义。苏东坡的贡献，使海南成为中华文化多元一体格局中的重要一环，彰显了中华文化的包容性与生命力。

3. 人格魅力与精神风貌塑造

苏东坡的人格魅力与高尚情操，深深烙印在海南人民心中，成为海南人民共同的精神象征与文化符号。他面对逆境的乐观豁达、对待生活的热爱执着、对待人民的亲和仁爱，以及"忧国忧民"的社会责任感与"乐天知命"的人生哲学，深深地影响了海南人民的价值观念与精神世界。苏东坡的这种精神风貌，激励着海南人民在艰难困苦中保持坚韧不拔的意志，在和平繁荣时期秉持谦逊有礼、积极进取的生活态度。他的精神遗产成为海南文化性格的重要组成部分，对塑造海南人民的精神面貌与社会风气起到了潜移默化的推动作用。

4. 历史遗迹与文化遗产保护

苏东坡在海南留下的众多历史遗迹，如东坡书院、桄榔庵、东坡井等，不仅是他生活与创作的实物见证，更是海南重要的文化遗产。这些遗迹承载着苏东坡的生平事迹、思想主张与艺术成就，为后人缅怀东坡、研究东坡文化提供了宝贵的实物依据。它们不仅是海南地方历史的鲜活教材，也是吸引国内外游客的文化旅游景点，对于传承与弘扬东坡文化、提升海南文化旅游品牌影响力具有重要作用。同时，对这些遗迹的保护与研究，有助于深化对海南历史文化的认知，推动历史文化资源的合理利用与可持续发展，为构建海南特色文化强省战略提供有力支撑。

苏东坡在海南的历史影响是多维度、深层次且跨越时空的。他的存在与贡献，不仅提升了海南的文化地位，促进了文化交流与融合，塑造了地方精神风貌，还为海南留下了宝贵的历史文化遗产。苏东坡与海南的故事，已成为中华历史文化长河中的一段佳话，对当代及未来海南乃至整个中华文化的发展具有深远的历史启示与文化价值。

四、海南东坡文化的当代价值

海南东坡文化在当今时代背景下,展现出多元而深远的当代价值,不仅作为海南地方文化的核心组成部分,塑造了地区文化形象,还以其人文精神内核、旅游资源特质及国际文化交流功能,对培育社会主义核心价值观、推动经济社会发展与增进国际理解发挥了积极作用。

1.海南文化标识与软实力提升

东坡文化作为海南地方文化的重要组成部分,是塑造海南独特文化形象、提升文化软实力的关键要素。它以深厚的历史底蕴、鲜明的人文特色与广泛的影响力,为海南构建了区别于其他地区的文化名片。东坡文化的存在,强化了海南在国内外公众心中的文化辨识度,增强了海南文化的吸引力与竞争力,对于提升海南在区域乃至全球文化版图中的地位具有重要意义。通过深入挖掘、传承与创新东坡文化,海南能够更好地展现其文化底蕴,打造富有魅力的文化品牌,进而吸引投资、人才与游客,推动文化产业与相关产业协同发展,提升地区整体软实力。

2.人文精神教育与社会主义核心价值观培育

东坡文化蕴含的人文精神与道德理念,如坚韧不屈的生命力、乐观豁达的生活态度、深厚的家国情怀与民本思想,与社会主义核心价值观高度契合,对现代社会具有极强的教育意义与引导作用。通过研究、传播东坡文化,可以引导人们树立正确的人生观、价值观,培养坚韧不拔的意志品质与积极向上的人生态度。尤其对于青少年群体而言,东坡文化提供的历史人物典范与人生智慧,有助于他们在成长过程中形成良好的人格特质与社会责任感,从而有力地推动社会主义核心价值观的培育与践行。

3.旅游资源开发与旅游经济发展

东坡文化作为海南重要的旅游资源,为当地旅游业发展注入了丰富的内涵与独特的吸引力。以东坡遗迹、东坡诗词为主题的文化旅游线路、文化节庆活动、文创产品等,既满足了游客探寻历史文化、体验文化氛围的需求,也带动了旅游消费,促进了地方经济的增长。东坡文化与海南的自然风光、民俗风情相结合,形成了独具特色的文化旅游产品,有助于提升海南旅游的附加值与市场竞争力。同时,文化旅游的繁荣进一步推动了相关服务业的发展,创造了就业机会,提高了居民收入,促进了社会经济的全面发展。

4.国际文化交流与国家形象塑造

在全球化背景下,东坡文化作为中华文化对外展示的重要窗口,对于增进国际社会对中国历史、文化与价值观的理解与认同具有重要作用。通过国际学术研讨会、文化交流活动、海外展览等形式,东坡文化跨越国界,向世界展示了中国传统文化的魅力与现代中国的开放姿态。苏东坡的跨国影响力及其在海南的传奇经历,为国际对话提供了共享的文化话题,有助于拉近不同文化背景人们的心理距离,促进民心相通,提升国家文化软实力与国际影响力。

综上所述,海南东坡文化源自苏东坡谪居海南的独特历史际遇,凝结了他的非凡才情与高尚品格,对海南乃至中国文化产生了深远的历史影响。在当代社会,海南东坡文化不仅是海南地方文化的瑰宝,更是弘扬中华优秀传统文化、提升国民文化自信、推动社会进步与创新、促进国际文化交流与理解的重要资源。加强对东坡文化的深入研究、系统传承与创新性发展,对于提升海南文化软实力、推动文化与经济社会的深度融合、构建和谐社会具有重大的现实意义与长远的战略价值。

第二节 海南东坡文化的育人价值

海南东坡文化作为中华优秀传统文化的重要分支,以其深邃的人文内涵、丰富的历史遗迹以及独特的地域特色,为当代教育提供了宝贵的教育资源与精神滋养。本节将从历史教育、人文素养、道德教育、创新精神与国际视野五个方面,探讨海南东坡文化的育人价值。

一、历史教育

海南东坡文化作为历史教育的生动教材,其丰富的内涵与独特的价值,为学生提供了深入理解宋代历史、海南地方史以及中国古代士大夫文化的独特视角与宝贵资源。

1. 探索历史人物的传奇人生

海南东坡文化以苏东坡在海南谪居期间的生活轨迹为主线,展现了这位伟大文人在逆境中坚韧不屈、积极进取的人生历程。通过对东坡文化的学习,学生能够详细了解苏东坡在海南的生活细节,如他在桄榔庵的简朴生活、在载酒堂的讲学授徒、在儋耳山的诗酒唱和等,从而深入了解其在海南的传奇经历。这些生动的历史画面,有助于学生真切感受苏东坡身处逆境时的豁达胸襟、坚韧意志与积极人生态度,对培养学生的抗挫能力、乐观精神以及对历史人物的深刻理解具有重要价值。

2. 理解宋代历史与士大夫文化

苏东坡是宋代文人士大夫的杰出代表,其在海南的经历与创作,是现代人们理解宋代历史与士大夫文化的重要窗口。通过对东坡诗词、散文、书信等文学作品的研读,学生能够深入理解宋代社会的政治生态、文化氛围以及士大夫阶层的价值追求与精神风貌。东坡在海南期间对儒家伦理的坚守、对地方教育的贡献、对黎族文化的尊重等,都体现了宋代士大夫的社会责任感与人文关怀,有助于学生全面认识宋代士大夫文化的特点与价值。

3. 认识海南地方史的独特地位

苏东坡谪居海南,对海南地方历史产生了深远影响。他传播中原文化,推动地方教育,改善农业生产,对海南的社会进步与文化发展起到了重要推动作用。通过了解苏东坡对海南的贡献,学生能够认识到海南在宋代乃至中国古代历史中的独特地位,理解海南作为中原文化与南海文化交汇之地的文化多样性与包容性,增强对海南地方历史的兴趣与认同感。

4. 培养历史素养与批判性思维

对东坡文化的学习,不仅丰富了学生的历史知识,更有利于培养学生的时空观念、历史思维与批判性思考能力。通过对东坡在海南经历的历史背景、社会环境、文化冲突等多角度分析,学生能够锻炼历史分析与解释的能力,形成对历史现象的深度理解与独立见解。同时,东坡在海南的创新实践,如创办载酒堂、推广农业技术等,可以引导学生思考历史人物在特定历史条件下如何应对挑战、推动变革,培养其创新思维与实践意识。

海南东坡文化作为历史教育的重要资源,不仅为学生提供了深入了解宋代历史、海南地方史以及中国古代士大夫文化的机会,而且有助于培养学生的时空观念、历史思维、批判性思考能力以及对历史人物的深刻理解,从而全面提升其历史素养与文化认同感。通过东坡文化的教学,可以实现历史教育的知识传授、价值引导与能力培养的多重目标,为培养具有历史意识、人文素养与创新精神的时代新人奠定坚实基础。

二、人文素养

海南东坡文化以其深厚的艺术底蕴与人文内涵,为学生构建全面而立体的人文素养体系提供了丰富素材与深刻启示。

1. 文学艺术的熏陶与鉴赏能力提升

苏东坡作为宋代文坛巨匠,其诗词、散文、书法等艺术成就堪称瑰宝,对后世影响深远。海南东坡文化集中展示了苏东坡在文学创作上的卓越才华与独特风格。通过研读东坡诗词,学生不仅能领略其语言的韵律之美、意象之鲜活、修辞之精妙,更能深入体会其诗词所营造的深远意境与丰富情感,如《念奴娇·赤壁怀古》的壮志豪情、《水调歌头·明月几时有》的哲思玄远、《惠崇春江晚景》的田园诗意等。这种沉浸式的文学体验,有助于提升学生的文学鉴赏能力,培养其对语言文字的敏感度与审美感知力,使他们能够在阅读中体味古典文学的魅力,陶冶高雅的艺术情操。

2. 人生哲学的启迪与人格塑造

东坡文化中蕴含的人生哲理与处世智慧,对学生的人格塑造与情感教育具有深远影响。苏东坡一生坎坷,但始终保持乐观豁达的人生态度,他的诗词中充满了对生活的热爱、对困厄的超越、对理想的坚守。如"竹杖芒鞋轻胜马,谁怕? 一蓑烟雨任平生",寥寥数语便勾勒出他笑对人生风雨、淡泊名利的洒脱形象。学生在品读这些诗句的过程中,能潜移默化地接受积极人生态度的熏陶,学会在面对生活挫折时保持内心的宁静与坚韧,培养豁达开朗、从容应对的人生观。此外,东坡对自然、人生的独特感悟,如他对山水之美的细腻描绘、对人生无常的深刻洞察,都能引导学生思考生命的意义与价值,激发他们对自然的敬畏之心与对生命的珍爱之情,促进其情感世界的丰富与成熟。

3. 自然观与生态意识的培育

苏东坡对自然有着深厚的情感与独到的理解,他的诗词中常常寓言自然、寄情山水,表达人与自然和谐共生的理念。如《赤壁赋》中对江上清风、山间明月的赞美,以及"惟江上之清风,与山间之明月,耳得之而为声,目遇之而成色,取之无禁,用之不竭"的生态智慧,揭示了人与自然的紧密联系与共享价值。通过对东坡诗词中自然观的学习,学生能够深化对生态环境保护的认识,树立尊重自然、顺应自然、保护自然的生态文明观,这对于培养他们的生态意识与社会责任感具有重要意义。

4.传统文化的传承与文化自信的树立

东坡文化作为中华优秀传统文化的重要组成部分,对于弘扬中国传统文化、增强学生文化自信具有重要作用。通过研习苏东坡的诗词、散文、书法等艺术作品,学生能够深入理解并欣赏古代士人的道德修养、人格风范、家国情怀,感受到中国传统文化的精神内核与美学魅力。这种对本土文化的深度接触与认同,有助于培养学生对中华优秀传统文化的热爱之情,树立起对中国文化的自豪感与自信心,为他们成为具有深厚文化底蕴与全球视野的时代新人打下坚实基础。

海南东坡文化以其丰富的艺术成就、深刻的人生哲理、和谐的自然观以及对传统文化的传承,为提升学生的人文素养提供了全方位的滋养。通过深入研习东坡文化,学生不仅能够提升文学鉴赏能力、陶冶审美情操,还能在人格塑造、情感教育、生态意识培养及文化自信树立等方面得到全面发展,从而形成深厚的人文底蕴与高尚的精神境界。

三、道德教育

苏东坡作为儒家仁爱精神的典范,其一生的言行举止,特别是在海南时期的事迹,为学生提供了生动的道德教育范本,对于培养学生的社会责任感、担当意识与高尚道德情操具有重要价值。

1.儒家仁爱精神的践行与示范

苏东坡一生秉持儒家的仁爱精神,无论身处庙堂之高还是江湖之远,始终心怀苍生,关心社会福祉。他在海南期间,尽管身处贬谪之地,却未改济世救民之志。他积极传播中原先进文化,致力于提升当地民众的文化素质;兴办教育,以知识启迪民智,为地方培养人才;关注农事,倡导并实践先进的农业技术,以改善民生,助力地方经济发展。这些行动充分体现了他"先天下之忧而忧,后天下之乐而乐"的社会责任感,以及"穷则独善其身,达则兼善天下"的儒家士大夫精神。学生通过了解东坡在海南的这些事迹,能够直观地感受到儒家仁爱精神如何在实践中得以生动展现,从而产生深刻的道德触动。

2. 高尚情操与道德风范的熏陶

东坡一生虽历经宦海沉浮,却始终保持豁达乐观、淡泊名利的人生态度。他对待逆境的坦然与坚韧,对待百姓的悲悯与关怀,对待职责的忠诚与担当,都构成了其高尚的情操与道德风范。"忧国忧民"是他心中永不熄灭的火焰,无论处境如何艰难,他都未曾放弃对国家和人民的深切关怀;"乐天知命"则是他面对人生起伏的智慧与超脱。这种既积极入世又超然物外的精神风貌,为学生树立了面对困难与挑战时应有的心态的表率。通过学习苏东坡的这些品质,学生可以培养面对困境的坚韧意志,养成关心社会、关爱他人的人道主义精神,形成积极向上、豁达大度的人生观与价值观。

3. 社会责任感与担当意识的培育

苏东坡在海南的种种作为,无不体现出他对社会公共事务的积极参与与无私奉献。他不仅关心地方教育、农事发展,还亲自参与修筑水利、改良盐田等关乎民生的工程,实实在在地为当地百姓谋福利。这种以实际行动改善社会、服务大众的行为,为学生提供了社会责任感与担当意识的具体例证。通过学习苏东坡的事迹,学生能深刻认识到个体与社会的紧密联系,明白每个人都应当承担起对社会的责任,积极投身于公益事业,为社区乃至国家的发展贡献自己的力量。这有助于他们在成长过程中形成主动参与社会事务、关心公共利益的担当意识,培养出勇于担当、乐于奉献的社会责任感。

4. 道德素养的全面提升

苏东坡的一生,是道德实践与道德教化的完美结合。他以实际行动践行儒家伦理,展现出忠孝、仁爱、诚信、公正等核心道德品质,这些品质在他与官场同僚、当地百姓、友人弟子的交往中得到了淋漓尽致的体现。学生在了解苏东坡事迹的过程中,可以深入学习这些道德规范,通过反思、模仿与内化,不断提升自身的道德判断力与道德行为能力,形成良好的道德习惯与道德风尚,从而实现道德素养的全面提升。

苏东坡在海南的道德实践及其高尚情操与道德风范,为学生提供了宝贵的道德教育资源。通过学习东坡事迹,学生不仅能领悟其深厚的儒家仁爱精神,更能培养起社会责任感、担当意识与高尚道德情操,形成积极的人生观、价值观,从而在道德素养的提升道路上迈出坚实的步伐。这样的道德教育,不仅有助于学生的个人品格塑造,更有助于培养出具备良好道德素养与社会责任感的时代新人。

四、创新精神

苏东坡在海南期间展现出的创新精神,不仅在于其文学创作的独树一帜,更在于其面对艰苦条件与文化环境,积极推动文化教育、农业技术等领域的改革与创新,为学生提供了宝贵的精神财富与实践启示。

1.文化教育领域的创新实践

在海南,苏东坡面对文化荒芜的现实,积极创办载酒堂,致力于传播中原文化,开创海南文教事业。他打破地域限制,广纳弟子,传授诗文之道,倡导学术自由与思想交流,使得海南一隅成为当时的文化教育重镇。这种在文化边缘地带开创教育先河的举动,体现了苏东坡敢于挑战现状、勇于创新教育模式的精神风貌。学生从中可以领悟到,面对文化资源匮乏的困境,唯有勇于开拓、敢于创新,才能突破局限,推动文化教育事业的发展。

2.农业技术领域的革新推广

苏东坡不仅是一位文人,更是一位关注民生的实践者。在海南,他深入田间地头,了解当地农业生产状况,积极推广先进的农业技术,通过改良农具、引进良种、传授灌溉方法等,切实改善了当地的农业生产条件,提高了粮食产量,造福一方百姓。这种将理论知识与实践相结合,以科技力量推动农业发展的创新精神,对于培养学生的实践意识、创新思维与社会责任感具有重要启示。学生可以通过研究东坡在农业技术领域的创新实践,理解科技创新对于社会发展的重要意义,激发他们关注社会问题、投身科技创新的热情。

3.创新思维的激发与培养

苏东坡在海南的创新精神,不仅体现在具体的教育与农业实践上,更在于其面对逆境时的思维方式与态度。他以开放的心态接纳并学习当地文化,以批判的眼光审视并改革旧有体制,以积极的态度面对并克服困难,这种敢于挑战、勇于探索、善于创新的精神风貌,为学生提供了培养创新思维的生动教材。通过研读苏东坡的作品、研究其在海南的创新实践,学生可以学习到如何在困境中保持乐观、如何在传统中寻找创新、如何在实践中发现问题并解决问题,从而激发他们的创新思维,提升他们解决问题的能力,培养他们的创新精神。

4.创新精神的传承与弘扬

苏东坡在海南的创新精神,不仅在当时产生了深远影响,对于现代社会依然具有重要的启示意义。在当前全球化的背景下,面对快速变化的世界与层出不穷的挑战,培养学生的创新精神尤为重要。教育工作者应当将苏东坡在海南的创新精神融入教学中,通过讲述其事迹、分析其思想、模拟其实践,引导学生学习并发扬这种敢于挑战、勇于探索、善于创新的精神风貌,使之成为他们面对未来挑战、推动社会进步的精神动力。

苏东坡在海南期间展现出的创新精神,不仅体现在其在文化教育、农业技术等领域的具体创新实践,更在于其面对困境时的思维方式与态度。这种创新精神对于培养学生的创新思维、提升其解决问题的能力、培养其创新精神具有重要价值。教育工作者应当深入挖掘苏东坡在海南的创新精神,将其融入教学中,引导学生学习并发扬这种精神,为培养具有创新精神的时代新人贡献力量。

五、国际视野

海南东坡文化以其世界级文化名人的影响力和丰富内涵,为培养学生的国际视野与跨文化沟通能力提供了独特的教育平台。

1.跨文化交流与理解的桥梁

苏东坡作为世界级的文化名人,其作品与思想不仅在中国享有崇高声誉,更在国际范围内产生了广泛而深远的影响。海南东坡文化作为其人生经历的重要组成部分,吸引了世界各地的学者与游客前来研究、参观,形成了多元文化的交流与碰撞。学生通过参与东坡文化的国际传播与交流活动,如国际学术研讨会、文化交流论坛、海外展览等,可以直接了解到不同文化背景的人们对苏东坡及其文化的解读与评价,增进对异域文化的理解与尊重。这种跨文化的交流互动,有助于拓宽学生的国际视野,提升其跨文化沟通能力,培养其在全球化背景下理解、接纳与融合多元文化的能力。

2.中华文化对外展示的窗口

东坡文化作为中华文化的重要载体,其国际影响力为海南乃至中国提供了向世界展示中华文化魅力的重要窗口。海南的东坡遗迹、东坡诗词、东坡故事等,都是展示中华优秀传统文化、讲述中国故事的有效载体。学生通过参与东坡文化的国际传播活动,如翻译东坡诗词、制作东坡文化宣传片、接待海外访问团等,可以亲身参与到中华文化的对外传播中,感受中华文化在世界舞台上的影响力与魅力。这种参与感与成就感,有助于提升学生的文化自信,激发其传播中华文化的热情与使命感,培养其国际传播意识。

3. 国际视野的培养与提升

在海南东坡文化的学习与实践中,学生不仅可以了解东坡文化在国际上的影响与地位,还可以通过对比分析不同文化对苏东坡及其文化的接受与反应,培养全球视野与批判性思维。学生可以思考东坡文化为何能在国际上产生共鸣,探究其价值与时代意义,反思中国文化在世界文化格局中的地位与作用。这种深度的思考与讨论,有助于学生形成开放包容的世界观,提升其在全球化背景下分析问题、解决问题的能力,培养其国际视野。

综上所述,海南东坡文化在培养学生国际视野方面具有显著的育人价值。教育工作者应充分利用这一宝贵资源,将其融入课程教学、校园文化、社会实践等各个环节,通过组织国际交流活动、开展跨文化研究、参与中华文化对外传播等,引导学生深入了解东坡文化在国际上的影响与地位,培养其跨文化沟通能力与国际传播意识,提升其国际视野,从而培养出具有深厚文化底蕴、高尚道德情操、创新精神与国际视野的时代新人。

第三节　海南东坡文化融入海南高校立德树人工作的实践探索

海南东坡文化作为中华优秀传统文化的重要组成部分,与海南地域文化深度交融,对高校落实立德树人根本任务具有独特价值。近年来,海南高校积极探索将东坡文化融入教育教学的创新路径,形成了一系列可推广的经验,在海南高校的立德树人工作中发挥了重要作用。

一、课程思政与专业教育融合:构建东坡文化育人课程体系

1.思政课程专题化教学改革

海南高校将东坡文化纳入"思想道德与法治""中国文化概论"等思政课程,开发"东坡精神与海南文化""苏轼的人生智慧与当代价值"等专题模块。海南师范大学在"中国古代文学"课程中设置"苏轼与海南"章节,系统讲解苏轼贬谪海南期间的文学创作与文化贡献。琼台师范学院在"中华民族共同体概论"课程中,结合东坡"九死南荒吾不恨"的家国情怀,设计"文化认同与海南发展"案例教学。

2.专业课程文化元素渗透

各高校注重将东坡文化融入专业教育。海南大学人文传播学院在"旅游文化学"课程中开设"东坡文化旅游开发"专题,组织学生调研儋州东坡书院等文化遗产;美术学院开展"东坡诗词意境绘画"工作坊,学生通过艺术创作再现东坡文学意境。海南师范大学文学院将东坡诗词纳入"海南地方文学史"教学,分析《桃榔庵铭》等文献中的海南意象。三亚学院旅游管理专业开发"东坡文化遗产活化"课程模块,探讨文化 IP 转化路径。

3.校本课程特色化开发

海南高校积极开发东坡文化校本课程。海南师范大学开设"东坡文化概论"通识选修课,系统讲授苏轼生平、文学成就及其对海南的影响。琼台师范学院编写《东坡与海南教育》校本教材,梳理苏轼"讲学明道"传统对海南教育的影响。海南大学图书馆联合海南省苏轼文化教育基金会推出"东坡经典阅读"慕课,累计选课学生达 2.3 万人次。

二、校园文化浸润:打造东坡文化育人品牌活动

1.主题教育活动常态化

各高校以"东坡文化节""东坡诗词大会"等为契机,开展形式多样的主题教育活动。海南师范大学连续三年举办"东坡读书月",通过"东坡诗词朗诵会""东坡书法展""东坡主题辩论赛"等活动,吸引学生广泛参与。2024 年 3 月,该校举办"东坡实验班"开班仪式,组织学生开展"东坡诗词创作大赛""东坡文化知识竞赛"等活动,参与师生达 2000 余人次。儋州各高校联合举办"东坡文化宣讲团",深入社区、中小学开展爱国主义教育,2025 年寒假期间覆盖受众 5000 余人次。

2. 文化品牌项目创新

海南高校注重打造具有影响力的文化品牌。海南师范大学"东坡书院"开设"东坡讲堂",邀请王水照、莫砺锋等专家作"苏轼的精神世界"专题讲座,累计听众超 8000 人次。三亚学院举办"东坡文化与海上丝绸之路"国际学术论坛,吸引来自日本、韩国等国学者参与。琼台师范学院将东坡文化融入"三月三"黎族文化节,组织"东坡诗词与黎族民歌"主题展演,通过琼剧、黎锦等非遗形式呈现东坡故事。

3. 网络文化空间拓展

各高校利用新媒体平台扩大东坡文化传播力。海南师范大学图书馆创建"东坡文化数字资源库",收录文献资料 3000 余篇、影像资料 800 余小时;海南省苏轼文化教育基金会微信公众号开设"东坡微课堂",定期推送东坡诗词解析、文化故事等内容,累计阅读量突破 15 万次。琼台师范学院开发"东坡文化虚拟展厅",运用 AR 技术还原东坡书院场景,让学生可沉浸式体验苏轼儋州生活。

三、社会实践创新:构建东坡文化育人实践平台

1. 研学基地共建共享

海南高校与地方政府、文化机构合作共建东坡文化研学基地。海南师范大学与儋州市共建"东坡书院研学基地",组织学生开展田野调查、文献整理等实践活动。琼台师范学院与眉山三苏祠签订战略合作协议,联合开发"东坡文化研学路线"。2024 年暑期,海南大学组织"东坡文化寻根"实践团,赴四川、湖北等地考察东坡遗迹,形成调研报告 20 篇。

2. 志愿服务项目化运作

各高校将东坡文化融入志愿服务体系。海南科技职业大学组建"东坡文化宣讲队",深入社区开展"东坡故事进万家"活动,累计服务群众 6000 余人次。琼台师范学院将东坡文化纳入师范生教育实践,组织学生在支教中开展"东坡精神主题班会"。三亚学院设立"东坡文化传承创新"大学生创新创业项目,支持学生开发东坡 IP 文创产品,相关成果获海南省"挑战杯"竞赛银奖。

3.红色教育与文化传承结合

海南高校注重将东坡文化与红色教育融合。海南师范大学组织学生参观琼崖纵队纪念馆,开展"东坡精神与琼崖革命精神"研学活动。琼台师范学院在"红色娘子军"研学中融入东坡文化元素,引导学生理解海南文化传承脉络,2025 年 2 月,海南省苏轼文化教育基金会与琼台师范学院联合举办"东坡与海南"学术研讨会,系统梳理东坡文化与海南红色文化的精神关联。

四、师资队伍建设:强化东坡文化育人能力

1.教师研修机制建立

海南高校通过专题培训、学术研讨等方式提升教师文化素养。海南省社科联连续两年举办"东坡文化骨干教师研修班",邀请姜鹏、李一冰等专家授课。海南师范大学组织教师赴四川眉山、湖北黄州等地考察东坡遗迹,深化对东坡文化的理解。琼台师范学院将东坡文化纳入新教师岗前培训,要求教师掌握东坡文化核心内容。

2.学术研究平台支撑

各高校依托研究机构深化东坡文化研究。海南师范大学"东坡书院"设立"东坡文化与海南自贸港建设"专项课题,资助相关研究项目 20 项。琼台师范学院成立"东坡文化研究中心",出版《东坡海南教育思想研究》等专著 4 部。海南大学与海南省苏轼文化教育基金会共建"东坡文化数字化研究基地",开发东坡文化知识图谱。

3.教学创新团队培育

海南高校注重培育东坡文化教学创新团队。海南师范大学王春煜教授团队获海南省教学成果一等奖,其研究成果《东坡文化在海南高校思政课中的应用研究》被纳入《海南省高校思政课教学指南》。琼台师范学院刘湘洪校长领衔的"东坡文化教育创新团队",开发的"东坡精神与师德建设"课程获国家级精品在线开放课程认定。

五、实践成效与未来展望

1.育人成效显著

通过多年实践,海南高校在东坡文化育人方面取得显著成效。据统计,海南师范大学参与东坡文化活动的学生中,95% 认为增强了文化自信,88% 表示

深化了对海南历史的理解。琼台师范学院调查显示,接受东坡文化教育的师范生中,92%在教学实习中主动融入东坡文化元素,相关成果获教育部"高校思想政治工作精品项目"等荣誉。

2.社会影响扩大

海南高校的实践探索得到社会广泛认可。2025年3月,《海南日报》专题报道海南师范大学东坡文化育人经验。海南省苏轼文化教育基金会与美国哈佛大学合作出版东坡文化专刊,向国际社会传播中国声音。

3.未来发展方向

展望未来,海南高校将从以下三方面深化实践:一是推进东坡文化数字化转型,建设东坡文化虚拟现实实验室;二是加强国际交流合作,打造"一带一路"东坡文化研究中心;三是深化校地协同育人,与地方政府共建东坡文化传承创新示范区。通过持续探索,东坡文化能够成为海南高校立德树人的特色品牌,为海南自贸港建设培养具有深厚文化底蕴和家国情怀的时代新人。

概论之,海南东坡文化融入高校立德树人工作,既是对中华优秀传统文化的传承创新,也是新时代铸牢中华民族共同体意识的生动实践。通过课程、活动、实践、师资等多维度协同发力,海南高校正将东坡文化转化为培育时代新人的精神滋养,为海南自贸港建设和中华民族伟大复兴提供有力的人才支撑和文化保障。

第四节　海南东坡文化融入海南高校立德树人工作路径优化设计

基于前述理论分析与探索实践,结合海南自贸港建设战略需求与高校思想政治教育高质量发展目标,本节从顶层设计、实施路径、保障机制三个维度,系统构建海南东坡文化融入高校立德树人工作的优化方案,形成"课程浸润—文化滋养—实践深化—数字赋能—国际拓展"五位一体的育人体系,确保海南特色文化资源深度融入高校思想政治教育全过程。

一、深化课程体系创新,构建"三阶递进"育人模式

(一)实施主体

各高校教务处牵头,马克思主义学院、文学院协同。

(二)具体路径

1.完善课程结构

(1)通识课程模块:探索开发"东坡人生哲学""东坡诗词鉴赏"等通识必修课,建立"1+X"课程群(1门核心课+X门拓展课)。

(2)专业融合模块:可在旅游管理等专业开设"东坡文旅产品设计",在师范专业设置"东坡教育思想研究",实现专业教育与文化传承有机融合。

(3)思政专项模块:可将东坡精神纳入"形势与政策"课程。

2.创新教学方法

(1)积极推广"情境还原教学法":利用VR技术重现儋州谪居场景,开展沉浸式教学。

(2)实施"项目制学习":可组织学生参与"东坡文化数字资源库"建设,完成文献整理、影像采集等实践任务。

(3)积极开发"东坡文化慕课":建设省级精品在线开放课程,配套开发"微课+直播+论坛"混合式教学体系。

3.数字资源开发

(1)探索建立"东坡文化虚拟仿真实验室",开发"东坡书院三维建模""诗词创作交互系统"等数字化教学资源。

(2)积极构建"东坡文化知识图谱",运用AI技术实现文献智能检索与关联分析。

二、强化师资队伍建设,打造"三位一体"培养体系

(一)实施主体

各高校教师发展中心主导,人事处、科研处配合。

(二)具体路径

1.建立分层培训体系

(1)新入职教师必修"东坡文化专题研修",纳入岗前培训考核体系。

(2)积极实施"东坡文化教学能力提升计划",每年选派20名骨干教师赴眉山、黄冈等地开展田野调查。

（3）探索设立"东坡文化名师工作室"，培育3—5个省级教学创新团队。

2.组建跨学科研究团队

（1）成立"东坡文化与思想政治教育研究中心"，设立专项课题，如"东坡民本思想与课程思政融合研究"。

（2）推动文理交叉研究，支持"东坡生态观与生态文明教育""东坡科技思想与创新教育"等跨学科项目。

3.创新激励机制

（1）可将东坡文化研究成果纳入教师职称评审加分项。

（2）探索设立"东坡文化育人奖"，表彰在课程建设、学术研究、文化传播等方面表现突出的教师。

三、构建协同育人格局，形成"三维联动"资源网络

（一）实施主体

各高校党委统筹，宣传部、学工处、团委协同。

（二）具体路径

1.校地协同

（1）可与儋州市共建"东坡文化传承创新示范区"，联合开发"东坡足迹研学路线"。

（2）探索实施"文化惠民工程"，组织师生参与东坡井修复、黎族方言保护等地方文化项目。

2.校际联动

（1）成立"海南高校东坡文化育人联盟"，建立课程共享、学分互认机制。

（2）积极举办年度"东坡文化育人论坛"，发布《海南高校东坡文化育人发展报告》。

3.国际拓展

（1）积极建设"东坡文化国际传播中心"，与哈佛燕京学社、京都大学合作开展比较研究。

（2）探索开发多语种"东坡文化数字展馆"，在"一带一路"共建国家高校开展文化巡展。

四、打造实践育人品牌,实施"三化提升"工程

(一)实施主体

各高校团委牵头,创新创业学院、二级学院配合。

(二)具体路径

1.实践基地标准化

(1)积极制定《东坡文化实践基地建设标准》,在省内建成多个省级示范性研学基地。

(2)探索推行"双导师制",聘请非遗传承人、文化学者担任实践指导教师。

2.活动形式项目化

(1)积极打造"东坡文化+"系列活动

①文化传承类:如黎锦东坡诗词刺绣工作坊、琼剧《东坡海南》创排等。

②科技创新类:如 AI 东坡诗词创作大赛、元宇宙东坡书院设计赛等。

③志愿服务类:如"东坡文化进社区"宣讲团、"文化扶贫"支教项目等。

3.双创培育体系化

(1)探索设立"东坡文化创新创业基金",重点支持文创产品开发、文旅 IP 打造。

(2)积极建设"东坡文化创客空间",配套提供产品孵化、版权登记、市场推广等全链条服务。

五、健全长效保障机制,建立"三驱并进"支撑体系

(一)实施主体

各高校发展规划处统筹,财务处、质量监控中心配合。

(二)具体路径

1.政策保障驱动

(1)积极推动将东坡文化育人纳入《海南省高等教育"十五五"发展规划》。

(2)探索制定《海南高校东坡文化育人实施指南》,明确各高校年度任务清单。

2.经费保障强化

(1)推动设立省级"东坡文化育人专项基金",确保年度预算足够充沛。

(2)探索"政府+高校+社会"多元筹资模式,吸引苏轼文化基金会、文旅企业等社会资本投入。

3.评估机制创新

(1)构建"三维度九指标"评价体系

①过程维度：含课程覆盖率、实践活动参与率、师资培训达标率等。

②成效维度：含学生文化认同度、创新创业成果转化率、社会影响力等。

③发展维度：含校地合作深度、国际传播广度、文化创新高度等。

(2)实施"年度评估+动态监测"

评估结果与高校绩效考核挂钩。

有理由相信，通过系统化的路径优化设计，海南高校将构建起具有自贸港特色的文化育人新范式。此设计方案既注重传统与现代的融合创新，又强调本土化与国际化的双向互动，通过可量化、可考核、可持续的实施机制，确保东坡文化真正成为海南高校立德树人的精神内核，进而为新时代高校思想政治教育高质量发展提供"海南样板"。

第五章　海瑞廉洁文化与海南高校立德树人工作

第一节　海瑞廉洁文化概述

海瑞,以其矢志不渝的廉洁奉公、刚正不阿的直言进谏及对民生疾苦的深切关怀,屹立于中国历史长河中,被誉为封建时代杰出的清官典范。其一生秉持廉洁正直、公正执法的原则,不畏权贵,敢言人之不敢言,其高尚品格与卓越事迹广为后世传颂,成为中国传统文化中廉洁文化的一面旗帜。海南作为海瑞的故乡,对其廉洁文化的传承与弘扬尤为重视,形成了独具特色的海瑞廉洁文化。海瑞廉洁文化,以其鲜明的时代特征、深刻的思想内涵和深远的社会影响,构成了中国廉政文化史上的一座丰碑。本节将从海瑞其人、海瑞廉洁文化的核心内容、海瑞廉洁文化的历史地位与当代价值三个维度展开,旨在揭示其作为廉政教育典范的深远意义。

一、海瑞其人:清官典范,刚正不阿

海瑞,字汝贤,号刚峰,生于公元 1514 年,逝于 1587 年,是明朝中晚期一位极具影响力与传奇色彩的政治家。他的一生经历了明朝的正德、嘉靖、隆庆、万历四朝,以其清廉自守、刚直不阿的高尚品德,以及任职时的坚韧不拔、对贪腐的严惩不贷、对民生疾苦的深切关怀,成为我国历史上备受尊崇的清官典范,被誉为"海青天"。

海瑞出身于海南琼山(今海口市)。这片地处南疆、远离京城繁华之地的热土赋予了他淳朴坚韧的性格与对民瘼的深切同情。其仕途并非一帆风顺,而是充满坎坷与挑战。从最初任职地方知县,到后来担任巡抚、都御史等要职,海瑞始终坚守道德原则,不畏强权,不惧逆境,无论职位高低,始终以百姓福祉为己任,公正无私、爱民如子,展现出一位士大夫的高尚情操与坚定信念。

海瑞的清廉自守,不仅体现在他严于律己、生活简朴上,更表现在他对贪腐行为的零容忍态度。他力主严明法纪,主张"明法度,重典治乱",坚信法律是维护社会公平正义的基石,任何以权谋私、枉法徇私的行为都应受到严厉惩处。海瑞本人更是身体力行,对待贪腐行为毫不姑息,无论对方权势如何,只要触及法律底线,他皆毫不犹豫地予以揭露与严惩。这种铁面无私的精神,使他成为当时官场上的一股清流,赢得了百姓的衷心拥戴。

在关注民生方面,海瑞更是倾注了大量心血。他深知百姓疾苦,将民生福祉视为施政之首要,主张"以民为本,恤民疾苦"。在任期间,他积极推动减赋税、兴水利、整肃吏治等利民举措,切实改善百姓生活条件,减轻民众负担。海瑞深入民间,体察民情,倾听民意,以实际行动践行"亲民爱民"的执政理念,真正做到与民同甘共苦,其亲民务实的作风赢得了广大民众的广泛赞誉。

海瑞的铁骨铮铮与无私无畏,不仅体现在他为官清廉、严惩贪腐、关注民生的种种事迹中,更体现在他敢于直言进谏、不畏权贵的高尚品质上。他多次上疏直指时弊,痛陈时政之缺失,即使面临罢官、入狱甚至生死之险,也从未动摇为国为民请命的决心。这种刚正不阿的精神,使其成为明代士大夫的楷模,对后世产生了深远影响。

海瑞以其清廉自守、刚直不阿的品格,无私无畏的精神,成为我国历史上最为人称颂的清官典范之一。他的一生,不仅是对廉洁奉公、公正无私的生动诠释,更是对士大夫"修身齐家治国平天下"理想人格的有力注脚。海瑞的事迹与精神,至今仍对我们有着深刻的教育意义与启迪价值,对于弘扬廉洁文化、构建清廉社会具有重要的现实意义。

二、海瑞廉洁文化的核心内容

1. 崇尚道德,恪守官箴

海瑞廉洁文化深深植根于儒家的道德伦理观,强调道德修养与人格完善对于为官者的决定性作用。海瑞坚信"修身齐家治国平天下"的儒家经典教诲,认为个人的道德修养是治国理政的基础,官员必须以道德自律为本,将"公正无私,爱民如子"的官箴铭记于心、践履于行。他主张,为官者应以"致良知"为根本,即通过内心的道德自觉,发现、遵循并实践道德法则,以此来约束自己的行为,做到"心存敬畏,手握戒尺"。海瑞强调的道德自律,不仅是对个人私欲的克制,更是对公共责任的坚守,体现了他对道德伦理的深刻理解和高度尊重。

2. 反对贪腐,严明法纪

海瑞对贪腐现象深恶痛绝,坚决主张用严刑峻法惩治贪官污吏,以维护社会公平正义。他力主"明法度,重典治乱",强调法律制度对于治理国家、规范社会行为的重要性,认为法律是维护社会秩序、保护人民权益的基石,必须严格执法,不容任何人以权谋私、枉法徇私。海瑞本人以身作则,严于律己,生活简朴,从不滥用职权,对待贪腐行为更是毫不留情,展现出一位清官应有的公正无私与铁腕反腐的决心。海瑞的反贪精神,不仅体现在对贪腐行为的严厉打击上,更体现在对法治精神的弘扬与捍卫上,为后世树立了严明法纪、公正执法的典范。

3. 关注民生,务实亲民

海瑞将民生福祉置于施政的首要位置,始终坚持"以民为本,恤民疾苦"的执政理念。他认为,为官者应当以百姓的福祉为出发点和归宿,致力于解决百姓的实际困难,改善百姓的生活条件。为此,海瑞在任期间,积极推动减赋税、兴水利、整肃吏治等利民政策,力求减轻百姓负担,提高生产效率,改善社会风气。他深入民间,体察民情,倾听民意,以实际行动践行"亲民爱民"的执政理念,赢得了百姓的广泛赞誉。海瑞的亲民精神,不仅体现在他对百姓疾苦的深切关怀上,更体现在他务实的工作作风和以人民为中心的施政理念上,为后世树立了亲民爱民、务实高效的官员形象。

海瑞廉洁文化的核心内容包括崇尚道德、恪守官箴、反对贪腐、严明法纪、关注民生、务实亲民等多个方面,这些内容相互关联、相互支撑,共同构成了海瑞廉洁文化的核心价值体系。海瑞廉洁文化以其鲜明的时代特征、深刻的思想内涵和深远的社会影响,为我们提供了丰富的廉政教育资源,对于我们今天推进党风廉政建设、构建廉洁社会具有重要的借鉴意义和现实价值。

三、海瑞廉洁文化的历史地位与当代价值

1. 历史地位

海瑞廉洁文化在中国廉政文化史上具有举足轻重的地位,其影响深远,深入人心。海瑞以其高尚的道德品质、坚定的法治信仰、深厚的民本情怀,塑造了中国传统士大夫的理想人格形象,成为后世官员学习与效仿的典范。他的事迹与思想,如璀璨明珠般镶嵌在中国廉政文化的长卷之上,被历代士人传颂、研究,不断丰富着中华民族的道德伦理宝库。

海瑞廉洁文化对中国封建社会后期的官场风气产生了深远影响。在那个贪腐盛行、道德滑坡的年代,海瑞以一身正气、两袖清风,力挽狂澜,重塑官德,成为一股清流,净化了官场风气,提升了官员的整体道德水准。他的事迹与思想,对于规范官员行为、净化政治生态、推动社会公正具有重要的历史作用,为后世留下了宝贵的精神遗产。

2. 当代价值

在当今社会,海瑞廉洁文化仍然具有极高的现实意义与教育价值。

(1)廉政教育的生动教材。海瑞的事迹与思想是开展廉政教育的鲜活素材,具有极强的警示与教育意义。他的清廉自守、刚直不阿,可以警示党员干部坚守道德底线,严防贪腐之念,强化廉洁从政意识。通过学习海瑞的事迹,党员干部可以深刻认识到贪腐的危害,增强防腐拒变的能力,树立正确的权力观、利益观,做到公正用权、依法用权、廉洁用权。

(2)法治建设的启示。海瑞主张的"明法度,重典治乱"对于推动法治建设、强化制度反腐具有重要的借鉴意义。他强调法律是维护社会公平正义的基石,必须严格执法,不容任何人以权谋私、枉法徇私。这一思想对于当前加强法治建设、完善反腐制度、构建不敢腐、不能腐、不想腐的有效机制具有重要启示作用。通过学习海瑞的法治精神,我们可以更加深刻地认识到法治在反腐倡廉中的核心作用,进一步强化法治思维,坚持依法治国、依法行政,营造风清气正的政治生态。

(3)亲民作风的倡导。海瑞的亲民爱民思想对于培养现代公仆意识,要求领导干部密切联系群众,关注民生疾苦,提升公共服务效能具有重要指导意义。他深入民间,体察民情,倾听民意,以实际行动践行"亲民爱民"的执政理念,赢得了百姓的广泛赞誉。这一思想对于当前深化干部作风建设,推动干部转变工作作风,增强服务意识,密切干群关系,提升政府公信力具有重要指导意义。

(4)道德建设的标杆。海瑞的道德自律精神对于弘扬社会主义核心价值观,提升全社会道德水平,构建风清气正的社会氛围具有积极的示范效应。他以"致良知"为根本,以内心的道德律令约束行为,做到"心存敬畏,手握戒尺",为我们树立了道德自律的典范。通过学习海瑞的道德精神,我们可以更加深刻地认识到道德建设的重要性,进一步弘扬社会主义核心价值观,提升全社会的道德水平,营造崇德向善的社会氛围。

综上所述,海瑞廉洁文化不仅是历史的瑰宝,更是当代社会的精神财富。通过对海瑞廉洁文化的深入学习与研究,我们能够汲取历史智慧,弘扬廉政精神,为构建廉洁政府、培育廉洁社会风尚提供强大精神动力。同时,海瑞廉洁文化对于加强法治建设、培养现代公仆意识、提升道德水平等方面也具有重要的启示作用,对于推进全面依法治国、深化干部作风建设、弘扬社会主义核心价值观具有重要的现实意义。

第二节 海瑞廉洁文化的育人价值

海瑞廉洁文化作为中国廉政文化的重要组成部分,其蕴含的道德理念、法治精神、民本思想以及人格魅力,对于当代大学生的道德教育、法治教育及人格塑造具有深远的育人价值。

一、道德教育:塑造高尚道德情操

海瑞廉洁文化以其深厚的儒家道德伦理底蕴,为当代大学生的道德教育提供了丰富且富有启示性的教育资源。其核心理念"修身齐家治国平天下",强调个体道德修养与社会责任的内在统一,倡导公正无私、爱民如子,为大学生塑造高尚道德情操提供了理论依据与行为导向。

首先,海瑞廉洁文化的道德观引导大学生树立正确的道德观念。海瑞一生清廉自守、刚正不阿,他的言行举止体现了对道德准则的坚定遵循,对公正无私的执着追求,对民众的深情厚谊。通过学习海瑞的道德观,大学生能够理解并认同"公正无私、爱民如子"的道德内涵,认识到这是衡量个人道德品质的标尺,也是衡量社会公正与否的重要标准。这种观念的树立,有助于大学生形成正确的道德判断力,辨别是非善恶,抵御不良诱惑,坚守道德底线。

其次,海瑞廉洁文化培养大学生的道德自律意识与行为习惯。海瑞以"致良知"为本,以内心的道德律令约束行为,这种道德自律精神对于大学生来说具有强烈的示范作用。通过学习海瑞的道德实践,大学生能够认识到道德并非抽象的概念,而是需要通过日常生活中的点滴小事去践行的。他们可以学习海瑞的自律精神,养成自我反省的习惯,对自己的行为进行道德审查,形成良好的道德行为习惯,如诚实守信、尊重他人、乐于助人等,从而提升自身的道德素养。

最后,海瑞廉洁文化激发大学生对公正公平、仁爱亲民的道德追求。海瑞的事迹展现了他对公正公平的执着追求,对百姓疾苦的深切关怀,对贪腐现象的坚决斗争。这些事迹能够激发大学生对公正公平、仁爱亲民的道德追求,使他们认识到公正公平、仁爱亲民不仅是道德准则,也是社会进步的动力源泉。通过学习海瑞的事迹,大学生可以培养对公正公平、仁爱亲民的道德情感,形成积极向上的道德追求,从而提升自身的道德素养,塑造高尚的道德情操。

综上所述,海瑞廉洁文化在道德教育方面具有重要的育人价值。它不仅为大学生提供了正确的道德观念、道德自律意识与行为习惯,还激发了他们对公平正义、仁爱亲民的道德追求,为塑造高尚的道德情操奠定了坚实基础。

二、法治教育:强化法治意识与规则意识

海瑞廉洁文化以其鲜明的法治精神,为当代大学生的法治教育提供了生动且具有说服力的教育素材。其强调"明法度,重典治乱",主张用严刑峻法惩治贪官污吏,维护社会公平正义,为大学生强化法治意识与规则意识提供了理论依据与实践导向。

首先,海瑞廉洁文化的法治观强化了大学生的法治意识。海瑞本人严于律己,严惩贪腐,身体力行地践行法治精神,他的行为充分体现了法律的权威性和严肃性。通过学习海瑞的法治观念,大学生能够认识到法律是维护社会秩序、保障公民权益的根本手段,任何违法行为都应受到法律制裁。这种认识有助于大学生树立对法律的敬畏之心,形成遵守法律、尊重法律的法治意识。

其次,海瑞廉洁文化培养大学生的规则意识。海瑞主张"明法度",强调法律的公开透明,这对于大学生形成规则意识具有重要启示。通过学习海瑞的法治实践,大学生能够理解法律规则对于社会治理、反腐防腐的重要性,认识到规则是社会运行的基础,是保障公平正义的必要条件。这种认识有助于大学生养成遵守规则、尊重规则的良好习惯,形成法治思维,为将来步入社会、参与法治建设奠定坚实基础。

最后,海瑞廉洁文化激发大学生的法治实践热情。海瑞以实际行动践行法治精神,他的事迹激励大学生积极参与法治实践,为维护社会公平正义贡献自己的力量。通过学习海瑞的事迹,大学生可以认识到法治不仅仅是法律条文,更是需要每个人去实践、去维护的公正秩序。这种认识有助于大学生培养法治实践意识,积极参与法治建设,为构建法治社会贡献力量。

综上所述,海瑞廉洁文化在法治教育方面具有重要的育人价值。它不仅强化了大学生的法治意识与规则意识,还激发了他们的法治实践热情,为培养具有法治精神、规则意识、法治实践能力的新时代大学生提供了有力支持。

三、人格塑造:树立崇高人格典范

海瑞廉洁文化以其独特的人格魅力,为大学生提供了塑造崇高人格的典范。海瑞一生秉持坚定的道德信念、严明的法治精神、深厚的民本情怀,其人格特质表现为铁骨铮铮、无私无畏、亲民爱民,被誉为"海青天",成为后世敬仰的清官楷模。对于正在形成独立人格、确立人生理想和价值取向的大学生来说,学习海瑞的人格魅力,有助于他们树立崇高的道德追求、坚定的法治信念、深厚的社会责任感,从而塑造健康、完整、独立的人格。

首先,海瑞的道德信念为大学生树立了崇高的道德追求。海瑞一生清廉自守、刚正不阿,公正无私、爱民如子,对道德律令严格遵循,具有高尚的道德情操。大学生通过学习海瑞的事迹与思想,可以深刻理解道德对于个人和社会的重要性,从而树立起公正公平、仁爱亲民的道德追求,形成正确的道德观,为塑造高尚的道德情操奠定基础。

其次,海瑞的法治精神为大学生树立了坚定的法治信念。海瑞主张"明法度,重典治乱",严于律己,严惩贪腐,身体力行地践行法治精神,体现了其对法律的敬畏与尊崇。大学生通过学习海瑞的法治实践,可以理解法治对于社会治理、反腐防腐的重要性,认识到法律是维护社会秩序、保障公民权益的根本手段,从而树立起尊重法律、遵守法律的法治信念,形成良好的法治意识与规则意识,为将来步入社会、参与法治建设奠定坚实基础。

再次,海瑞的民本情怀为大学生树立了深厚的社会责任感。海瑞关注民生疾苦,主张"以民为本,恤民疾苦",力推减赋税、兴水利、整肃吏治等利民举措,体现了其对人民的深厚关怀与强烈的社会责任感。大学生通过学习海瑞的民本思想与实践,可以理解公共服务的价值,培养其关心社会、关注民生、服务社会的担当意识,从而树立起为人民服务、为社会进步贡献力量的社会责任感,为将来成为有社会责任感、有担当精神的时代新人做好准备。

综上所述,海瑞廉洁文化的育人价值体现在道德教育、法治教育及人格塑造三个方面,对于培养具有高尚道德情操、法治意识、社会责任感与崇高人格的大学生具有重要的指导意义。因此,高校应将海瑞廉洁文化纳入教育体系,通过课程教学、实践活动、文化熏陶等方式,深入挖掘其育人价值,为培养新时代中国特色社会主义事业的合格建设者和可靠接班人贡献力量。

第三节　海南廉洁文化融入海南高校立德树人工作的实践探索

海南廉洁文化作为中华优秀传统文化的重要组成部分,承载着海瑞精神、琼崖革命精神等独特文化基因。近年来,海南高校深入贯彻落实《关于加强新时代廉洁文化建设的意见》,将廉洁文化深度融入立德树人全过程,形成了具有海南特色的廉洁育人体系,为清廉自贸港建设提供了坚实的人才支撑和文化保障。

一、课程思政与专业教育融合:构建廉洁文化育人课程体系

1.思政课程专题化教学改革

海南高校将廉洁文化纳入"思想道德与法治""中国近现代史纲要"等思政课程,开发"廉洁文化与自贸港建设""海瑞精神与新时代廉政建设"等专题模块。海南大学法学院在"纪检监察学"课程中设置"海南清廉自贸港建设"章节,系统讲解廉洁文化对自贸港法治建设的支撑作用。琼台师范学院在"中华民族共同体概论"课程中,结合海瑞"直言敢谏"精神,设计"文化认同与廉洁价值观"案例教学。海南师范大学马克思主义学院将廉洁文化融入"形势与政策"课,开展"新时代反腐败斗争"专题教学,覆盖学生5000余人次。

2.专业课程文化元素渗透

各高校注重将廉洁文化融入专业教育。海南医学院在"医学伦理学"课程中开设"医疗行业廉洁从业"专题,组织学生调研医疗腐败典型案例;美术学院开展"海瑞廉政主题绘画"工作坊,学生通过艺术创作展现廉洁精神。海南师范大学文学院将海瑞诗词纳入"海南地方文学史"教学,分析《治安疏》等文献中的廉政思想。三亚学院旅游管理专业开发"廉洁文化遗产活化"课程模块,探讨海瑞文化公园等景点的廉洁教育功能。

3. 校本课程特色化开发

海南高校积极开发廉洁文化校本课程。海南师范大学开设"海南廉洁文化概论"通识选修课,系统讲授海瑞、丘浚等海南清官廉吏的事迹。琼台师范学院编写《廉洁教育与师德修养》校本教材,梳理教师廉洁从教规范。海南开放大学联合海南省纪委推出"清廉自贸港建设"慕课,累计选课学生达 1.8 万人次。海南医学院开发"医疗行业廉洁风险防控"微专业,培养学生职业伦理意识。

二、校园文化浸润:打造廉洁文化育人品牌活动

1. 主题教育活动常态化

各高校以"廉洁文化月""海瑞精神宣传周"等为契机,开展形式多样的主题教育活动。海南师范大学连续三年举办"廉洁读书月",通过"海瑞诗词朗诵会""廉洁书画展""廉洁主题辩论赛"等活动,吸引学生广泛参与。2024 年 11 月,该校举办"全国海瑞廉洁文化书法美术作品展",征集作品 1242 幅,其中国家级获奖作品 12 件。琼台师范学院每年组织"廉洁文化宣讲团",深入社区、中小学开展教育活动,2023 年覆盖受众 6000 余人次。海南大学举办"学宪法·讲宪法"系列活动,学生连续两年获海南省高校组演讲比赛一等奖。

2. 文化品牌项目创新

海南高校注重打造具有影响力的文化品牌。海南大学"纪检监察大讲堂"邀请江必新等专家授课,累计听众超 1 万人次;三亚学院举办"廉洁文化与海上丝绸之路"国际学术论坛,吸引来自新加坡、马来西亚等国学者参与。琼台师范学院将廉洁文化融入"三月三"黎族文化节,组织"廉洁诗词与黎族民歌"主题展演,通过非遗形式呈现廉政故事。海南开放大学创作"琼台爱廉说"廉洁微视频,累计播放量突破 50 万次。

3. 网络文化空间拓展

各高校利用新媒体平台扩大廉洁文化传播力。海南师范大学图书馆创建"廉洁文化数字资源库",收录文献资料 4000 余篇、影像资料 1000 余小时;海南省廉洁文化研究基地微信公众号开设"廉洁微课堂",定期推送廉政故事、政策解读等内容,累计阅读量突破 20 万次。琼台师范学院开发"廉洁文化虚拟展厅",运用 VR 技术还原海瑞故居场景,学生可沉浸式体验清官生活。海南医学院"掌上海医"平台设置廉政风险预警模块,覆盖全校 1.2 万名师生。

三、社会实践创新:构建廉洁文化育人实践平台

1. 研学基地共建共享

海南高校与地方政府、文化机构合作共建廉洁文化研学基地。海南师范大学与海口市共建"海瑞文化公园研学基地",组织学生开展文献整理、志愿服务等活动。琼台师范学院与定安县母瑞山革命根据地纪念馆签订协议,联合开发"红色廉洁研学路线"。2024 年暑期,海南大学组织"清廉自贸港实践团",赴全省 18 个市县调研廉洁文化建设,形成报告 25 篇。海南医学院与省卫生健康委共建"医疗行业廉洁教育基地",开展实践教学 3000 人次。

2. 志愿服务项目化运作

各高校将廉洁文化融入志愿服务体系。海南科技职业大学组建"廉洁文化宣讲队",深入社区开展"廉洁故事进万家"活动,累计服务群众 8000 余人次。琼台师范学院将廉洁文化纳入师范生教育实践,组织学生在支教中开展"廉洁主题班会"。三亚学院设立"廉洁文化传承创新"大学生创新创业项目,支持学生开发廉洁文创产品,相关成果获海南省"挑战杯"竞赛金奖。海南开放大学"青廉学堂"组织学生参与社区廉政宣传,覆盖居民 2 万余人次。

3. 红色教育与廉洁传承相结合

海南高校注重将廉洁文化与红色教育相融合。海南师范大学组织学生参观琼崖纵队纪念馆,开展"琼崖革命精神与廉洁文化"联学活动。琼台师范学院在"红色娘子军"研学中融入海瑞文化元素,引导学生理解海南廉洁基因传承脉络。2024 年 12 月,海南省廉洁文化研究基地与琼台师范学院联合举办"红色廉洁精神研讨会",系统梳理琼崖革命中的廉洁传统。海南医学院组织师生赴井冈山开展"重走红军路"实践活动,强化理想信念教育。

四、师资队伍建设:强化廉洁文化育人能力

1. 教师研修机制建立

海南高校通过专题培训、学术研讨等方式提升教师文化素养。海南省社科联连续三年举办"廉洁文化骨干教师研修班",邀请杨晓渡等专家授课。海南师范大学组织教师赴江西井冈山、浙江绍兴等地考察廉洁文化遗迹,深化理解。琼台师范学院将廉洁文化纳入新教师岗前培训,要求教师掌握海瑞精神核心内容。海南大学法学院开展"党建＋师德师风建设"研讨会,覆盖教师200余人次。

2.学术研究平台支撑

各高校依托研究机构深化廉洁文化研究。海南师范大学"海南省廉洁文化研究基地"设立"清廉自贸港建设"专项课题,资助项目30项。琼台师范学院成立"海瑞文化研究中心",出版《海瑞廉政思想研究》等专著5部。海南大学与省纪委共建"廉洁文化数字化研究基地",开发廉洁文化知识图谱。海南医学院"医疗廉政研究中心"承担省厅级课题12项,发表论文30余篇。

3.教学创新团队培育

海南高校注重培育廉洁文化教学创新团队。海南师范大学许玫教授团队获教育部教学成果一等奖,其研究成果《海南廉洁文化育人模式创新》被纳入全国高校思政课案例库;琼台师范学院刘湘洪校长领衔的"廉洁文化教育创新团队",开发的"廉洁精神与师德建设"课程获国家级精品在线开放课程认定。海南大学法学院"民事诉讼法学"教学团队入选教育部课程思政示范团队。

五、制度保障与实践成效

1.制度机制创新

海南高校建立"党委统一领导、纪委协调推进、部门协同落实"的廉洁文化建设机制。海南大学制定《清廉校园建设实施方案》,明确12项重点任务。琼台师范学院出台《廉洁文化建设考核办法》,将廉洁教育纳入二级单位年度考核。海南医学院"互联网＋监督"平台覆盖物资采购、职称评聘等关键环节,预警廉政风险点200余个。全省高校普遍建立师德师风负面清单制度,实现违反师德"一票否决"。

2.育人成效显著

通过多年实践,海南高校在廉洁文化育人方面取得显著成效。据统计,海南师范大学参与廉洁文化活动的学生中,96%认为增强了廉洁意识,89%表示深化了对自贸港建设的责任感。琼台师范学院调查显示,接受廉洁教育的师范生中,93%在教学实习中主动融入廉洁元素。海南大学法学院毕业生占海南省入额法官检察官近50%,其中多位获全国优秀法官称号。

3. 社会影响扩大

海南高校的实践探索得到社会广泛认可。2024年12月,《光明日报》专题报道海南师范大学廉洁文化育人经验。海南省廉洁文化研究基地与英国剑桥大学合作出版廉洁文化专刊,向国际社会传播中国廉洁文化。海南开放大学"青廉工程"获中纪委"全国廉政教育优秀案例"。

六、未来发展方向

数字化转型:建设廉洁文化虚拟现实实验室,开发AR/VR沉浸式教学场景,如海南师范大学计划投资2000万元建设"清廉自贸港数字展厅"。

国际交流:打造"一带一路"廉洁文化研究中心,与新加坡国立大学等高校开展廉政合作项目。

校地协同:与地方政府共建廉洁文化传承创新示范区,如海南大学与海口市龙华区共建"清廉社区"试点。

品牌提升:培育"海瑞廉洁文化节""琼崖廉洁论坛"等特色品牌,计划每年举办国际学术会议。

学科建设:加强纪检监察学科建设,海南大学拟新增纪检监察学博士点,培养高层次廉洁人才。

可以相信,海南高校将继续以习近平新时代中国特色社会主义思想为指导,深入挖掘本土廉洁文化资源,创新育人模式,为海南自贸港建设培养具有清廉品格的时代新人,为新时代廉洁文化建设贡献海南智慧。

第四节　海南廉洁文化融入海南高校立德树人工作路径优化设计

在前述实践探索基础上,为进一步提升海南廉洁文化育人效能,构建具有自贸港特色的高校立德树人体系,现从"五个协同"维度提出路径优化设计方案。本方案注重系统集成、数字赋能、校地联动,确保各项措施可操作、可评估、可持续。

一、课程体系协同优化:构建"三维四阶"廉洁育人课程群

(一)实施主体

海南省教育厅统筹,各高校教务处牵头,马克思主义学院具体实施。

(二)具体路径

1. 基础课程提质工程

(1)积极开发《海南廉洁文化通识教程》(可由海南师范大学牵头,于2027年完成)。

(2)可在"思想道德与法治"中增设"海瑞精神与新时代青年担当"专题模块,全省高校同步推进。

(3)探索建设"琼崖红色廉洁案例库",收录琼崖革命时期廉洁故事200例(可由琼台师范学院负责)。

2. 专业课程融通工程

(1)探索建立"专业＋廉洁"课程矩阵:法学等专业可开设"监察制度与自贸港法治",医学专业可设置"医疗廉洁风险防控实务"(可在海南大学、海南医学院试点)。

(2)积极开发"廉洁微专业",设置6—8个学分模块(可由三亚学院先行示范)。

3. 实践课程创新工程

(1)积极打造"行走的廉洁课堂":设计5条廉洁文化研学路线(可由省旅文厅与各高校共建)。

(2)探索开发"廉洁情景模拟实训系统",包含政务审批、医疗采购等10类场景(可由海南开放大学技术攻关)。

(三)保障机制

设立省级廉洁课程建设专项基金(确保投入到位),建立课程质量动态监测平台。

二、文化浸润协同创新:实施"数字 + 非遗"双轮驱动战略

(一)实施主体

省委宣传部指导,各高校团委与地方文化馆所联动。

(二)具体路径

1. 数字文化矩阵建设

(1)积极开发"清廉海南"元宇宙空间(可由海南师范大学数据科学与智慧教育教育部重点实验室承建)。

(2)探索创建 VR 廉洁教育馆,1∶1 还原海瑞故居、琼崖纵队指挥部等场景(琼台师范学院将于2026年前完成)。

(3)尝试运营"椰岛清风"新媒体矩阵,年推送原创内容300条以上(全省高校轮值运营)。

2. 非遗文化活化工程

(1)积极开发黎锦廉洁纹样数据库(可由海南热带海洋学院负责)。

(2)探索创编琼剧《海瑞罢官》(新编版),在全省高校巡演(可由省琼剧院与各高校合作)。

(3)举办"廉洁非遗工坊",培育大学生传承人若干名(由省非遗中心支持)。

3. 文化品牌提升计划

(1)探索创办"海上丝绸之路廉洁文化论坛"(可由海南大学主办,每年一届)。

(2)积极打造"三月三"廉洁文化主题节庆(可由海南热带海洋学院牵头、琼南高校联合承办)。

(三)保障机制

建立文化项目"揭榜挂帅"制度,设立年度创新奖。

三、实践育人协同深化:构建"三圈层"立体化实践体系

(一)实施主体

省教育工委统筹,各高校学工部门与地方政府协同。

(二)具体路径

1.校内实践圈

(1)探索实施"青廉成长计划",设立廉洁学分(必修 1 学分)。

(2)开展"廉洁机关模拟实训",覆盖学生干部 100%(可由海南大学试点)。

(3)尝试建立"廉洁行为银行",量化记录诚信行为(可由琼台师范学院首创)。

2.校地协同圈

(1)积极实施"百校联百村"工程,建设若干个廉洁乡村实践基地(由省乡村振兴局支持)。

(2)开展"政务服务体验周",每年选派若干名学生进驻政务中心(由各市县配合)。

(3)建立"企业廉洁观察员"制度,选派学生监督员进驻国企(由省国资委协调)。

3.国际传播圈

(1)探索组建"自贸港廉洁文化国际宣讲团",培养双语讲解员若干名(可由海南外国语职业学院负责)。

(2)积极开发多语种廉洁文化慕课,覆盖 RCEP 国家(可由海南大学国际学院牵头实施)。

(3)探索举办"海南廉洁文化国际夏令营",每年接待境外学生若干人(由省外办支持)。

(三)保障机制

建立实践育人质量认证体系,纳入高校绩效考核指标。

四、师资队伍协同培育:实施"三维赋能"强师计划

(一)实施主体

省教育厅教师工作处主导,各高校教师发展中心落实。

（二）具体路径

1. 专业赋能

（1）探索建立廉洁教育师资认证制度,2027年前实现全员持证。

（2）探索设立"海瑞学者"特聘岗位,引进廉政研究高层次人才（可由海南大学试行）。

（3）积极实施"廉洁金课"培育计划,五年打造若干门省级示范课。

2. 实践赋能

（1）探索建立教师廉洁实践研修制度,每年选派若干名教师到纪委监委挂职。

（2）积极开展"廉洁从教示范岗"创建活动,覆盖专任教师30%以上。

（3）探索组建"师德师风督导团",建立负面清单动态预警系统。

3. 数字赋能

（1）积极开发AI廉洁教育师训平台,实现个性化能力诊断（可由海南师范大学牵头建设）。

（2）探索建立虚拟教研室,开展跨校协同备课（可由琼台师范学院牵头）。

（3）建设廉洁教育名师工作坊直播平台,轮训教师。

（三）保障机制

将廉洁教育能力纳入职称评审指标体系,设立专项奖励基金。

五、制度保障协同完善:构建"四梁八柱"长效机制

（一）实施主体

实施主体为省纪委监委会同省教育厅,各高校纪委具体落实。

（二）具体路径

1. 制度创新

（1）积极推进《海南自由贸易港高校廉洁文化建设条例》（省人大立法出台）。

（2）探索制定《高校重点领域廉洁风险防控指南》（由省教育厅尽早发布）。

（3）探索建立廉洁文化建设项目库,实行全生命周期管理。

2. 评价改革

（1）探索构建"五维评价"指标体系（课程建设、文化浸润、实践成效、师资水平、制度创新)。

(2)积极引入第三方评估机构,发布廉洁育人发展指数。

(3)建立"红黄蓝"预警机制,动态监测工作成效。

3.数字治理

(1)积极建设"清廉校园"智慧管理平台,实现"一网统管"。

(2)积极开发廉洁大数据分析系统,精准识别风险点。

(3)探索建立区块链存证系统,确保工作痕迹可追溯。

4.保障强化

(1)探索设立省级廉洁文化建设专项资金(年投入足额、到位)。

(2)探索建立政校银企合作机制,拓展资源供给渠道。

(3)积极实施"容错纠错"机制,鼓励创新实践。

(三)保障机制

将廉洁文化建设纳入高校党委书记述职评议考核核心指标。

概言之,本方案通过系统化设计、项目化推进、数字化赋能,确保海南廉洁文化深度融入高校立德树人全过程,为自贸港建设培养具有"明大德、守公德、严私德"的新时代人才提供坚实保障,打造具有重要示范意义的区域廉洁文化育人新高地。

第六章　海南华侨文化与海南高校立德树人工作

第一节　海南华侨文化概述

海南,作为中国最重要的侨乡之一,其独特的华侨文化是中华文化的重要分支,也是海南本土文化与海外华人群体交融的产物。这种文化形态深深植根于历史积淀、地域特色、华侨群体的经历与贡献之中,呈现出多元融合、开放包容、创新进取的鲜明特征。本节将从海南华侨文化的形成背景、基本内涵、表现形式和当代价值四个方面,对海南华侨文化进行概述。

一、海南华侨文化的形成背景

海南华侨文化的形成,是一个历史、地理、社会因素交织互动的复杂过程,其根源深植于海南独特的地理位置、悠久的历史变迁以及华侨群体曲折而丰富的迁徙历程之中。这些因素共同塑造了海南华侨文化独特的内涵与风貌,使其成为中华文化宝库中一颗璀璨的明珠。

(一)地理位置与历史变迁

海南岛,位于南海之滨,是海上丝绸之路的重要节点,与东南亚各国尤其是南海周边国家有着千丝万缕的联系。得天独厚的地理位置赋予了海南人海洋性格与开放心态,使其自唐宋以来便积极参与海洋贸易,与海外华人社会建立起密切的经济与文化联系。这一时期,海南商人、工匠远航至东南亚地区,开展商贸活动,传播中华文化,为日后海南华侨文化的形成埋下了种子。

明清时期,尤其是鸦片战争后,随着海口被辟为通商口岸,海南与外界的交流更为频繁,开启了大规模的海外移民浪潮。海南籍华侨纷纷踏上出洋之路,他们在异国他乡辛勤耕耘,不仅谋生求存,更在异域中播撒中华文化的种子,逐渐形成了以海南人为主体的海外华人社群。这一历史进程奠定了海南华侨文化的地理与历史基础,使其成为中华文化在海外传播、融合与创新的独特样本。

(二)华侨迁徙历程

海南华侨的迁徙历程大致可以分为三个阶段:

1. 商贸往来与初期定居(唐宋至清代前期)

这一阶段,海南商人与工匠凭借海洋贸易的优势,远赴东南亚等地开展商贸活动,部分人选择在当地定居,成为早期的海南华侨。他们不仅带去了中国的商品和技术,还传播了中华文化,与当地社会逐渐融合,形成了初步的华侨社区。这一时期,华侨文化带有明显的商贸特征,表现出较强的适应性和融合性。

2. 大规模移民潮(鸦片战争后至二战前)

鸦片战争后,由于国内战乱频仍、社会动荡,加之西方列强对华侵略导致的经济困顿,大量海南人迫于生计,离乡背井,踏上前往海外之路。这一时期的移民潮规模庞大,涉及各行各业,不仅有贫苦农民,也有知识分子和工商人士。他们在东南亚各国扎根落户,艰苦创业,不仅为当地经济发展做出了重要贡献,也在与当地文化的碰撞与交融中,孕育了独具特色的华侨文化。

3. 全球化背景下的多元化发展(二战后至今)

二战后,随着全球化的加速推进,海南华侨的足迹遍布世界各地,不仅在东南亚,还在北美、欧洲、大洋洲等地形成了规模可观的华侨社群。他们在经济、科技、文化等领域取得了显著成就,许多海南籍华侨成为所在国的杰出人士。这一时期的华侨文化更加多元、开放,既保留了中华文化的深厚底蕴,又吸收了所在国文化的精华,呈现出全球化的特征。

海南华侨文化的形成背景,是海南特殊的地理位置、悠久的历史变迁与华侨群体历经三个发展阶段的迁徙历程共同作用的结果。这些因素相互交织,共同塑造了海南华侨文化独特的内涵与风貌,使其成为中华文化在海外传播、融合与创新的重要载体,对当代海南乃至全球华人社会都产生了深远影响。

二、海南华侨文化的基本内涵

海南华侨文化是一个内涵丰富、层次多元的文化体系,其核心特质在于中华传统文化与南洋风情的交融、对传统价值的坚守与创新,以及对家国情怀的执着传承。以下从物质文化、制度文化和精神文化三个层面,详述海南华侨文化的基本内涵。

1. 物质文化:中华与南洋的交融之美

海南华侨文化在物质层面主要体现在华侨建筑、饮食、服饰、工艺品等生活元素中,它们是华侨群体在异域环境下,将中华传统文化与当地文化相融合的生动见证。

华侨建筑,如海南骑楼,既是南洋建筑风格的代表,又融入了中国传统建筑元素。骑楼集实用性与观赏性于一体,底层骑楼遮阳避雨,便于行人通行,上层建筑则展现出中国传统建筑的对称美与装饰艺术。这种建筑形式既体现了华侨对南洋气候环境的适应,又保留了对故乡建筑美学的眷恋。

南洋风味菜肴是海南华侨文化中一道亮丽的风景线。如海南鸡饭、椰奶糕、肉骨茶等,既保留了中华烹饪技艺的精髓,如火候控制、调味搭配,又融入了南洋特有的香料、食材和烹饪方式,形成了独特的地方美食。这些菜品不仅满足了华侨对家乡口味的怀念,也成了华侨与当地居民交流的桥梁。

娘惹服饰,融合了马来服饰的鲜艳色彩、繁复花纹与汉服的端庄典雅,是华侨女性智慧与艺术创造力的结晶。

此外,诸如陶瓷、木雕、金银饰品等工艺品,亦是华侨将中华工艺技法与南洋审美风格巧妙结合的产物,展现了华侨文化中多元融合的特性。

2. 制度文化:传统文化的坚守与创新

海南华侨文化在制度层面体现为华侨社群在海外创建的各种社会组织以及沿袭的传统家族制度、礼仪习俗等方面。

华侨在异国他乡建立的会馆、商会等组织,不仅是华侨社会生活的中心,也是传承与弘扬中华文化的阵地。如海南会馆、琼州会馆等,不仅承担着互助互济、维护权益的功能,还举办各类文化活动,如春节联欢、中秋赏月、清明祭祖等,延续了中华传统节日文化。

华侨在海外仍沿袭了中华传统的家族制度,如重视宗族关系、尊老爱幼、重视婚丧嫁娶等礼俗。同时,他们在遵守当地法律的前提下,对一些传统礼仪进行了适应性创新,如简化烦琐仪式、融入当地元素等,使之既符合现代生活节奏,又能保持中华文化的特色。

3. 精神文化:家国情怀与奋斗精神的传承

海南华侨文化在精神层面上集中体现为华侨对祖国的深深眷恋、艰苦奋斗的创业精神、团结互助的集体意识以及对教育的高度重视。

(1)家国情怀。尽管生活在海外,但华侨始终心系祖国,积极参与和支持祖国的各项建设,如捐资助学、投资家乡等。每逢国家重大事件,华侨总会以各种形式表达对祖国的热爱与支持。这种深厚的家国情怀,是海南华侨文化中最动人的篇章。

(2)艰苦奋斗精神。华侨在异国他乡,面对陌生环境、语言障碍、种族歧视等诸多困难,展现出顽强的生存意志与创业精神。他们白手起家,从最初的劳工、小商贩做起,逐步积累财富,成为各行各业的佼佼者。这种自强不息、艰苦奋斗的精神,是海南华侨文化的精神支柱。

(3)团结互助传统。华侨社群内部形成了强烈的团结互助精神,无论是在创业初期的互相扶持,还是在遭遇困难时的患难与共,都体现出华侨社会的凝聚力与向心力。这种团结互助的传统,是华侨在海外立足、发展的有力保障。

(4)对教育的重视。华侨深知教育对于个人发展、族群繁荣乃至民族振兴的重要性,他们积极创办学校,资助贫困学子,弘扬中华文化,培养爱国情怀。对教育的重视与投入,是华侨为传承中华文化、培养新一代华侨子弟付出的巨大努力,也是海南华侨文化中不可或缺的部分。

海南华侨文化在物质、制度、精神三个层面,展现了中华传统文化与南洋风情的交融之美,对传统价值的坚守与创新,以及对家国情怀的执着传承。这种文化内涵,不仅丰富了中华文化的多样性,也对全球华人社会产生了深远影响。

三、海南华侨文化的表现形式

海南华侨文化的生命力与影响力,不仅体现在其深厚的内涵中,更通过丰富多样的表现形式得以生动展现。这些形式既是华侨文化传承的载体,也是其与世界交流的窗口,共同构成了海南华侨文化立体多元的外在风貌。

1.文化遗产:历史的印记与文化的瑰宝

(1)历史建筑。海南各地保存下来的华侨故居、会馆、学校、教堂等历史建筑,是华侨文化最直观、最具象的载体。如海口骑楼老街的南洋风格建筑群,见证了华侨在海外打拼后回归故土的历史变迁;遍布全岛的华侨学校,如海南华侨中学,承载着华侨对教育的重视与对中华文化的传承。每一座建筑都是一部华侨历史的生动教科书,诉说着华侨的艰辛历程与辉煌成就。

(2)文献档案与家族文献。华侨相关的文献档案,如契约文书、信札、日记等,记录了华侨海外生活的点滴细节,是研究华侨历史、经济、社会的重要史料。族谱家训、碑刻铭文等家族文献,则揭示了华侨家族的迁徙轨迹、宗族观念与道德规范,展现了华侨对传统文化的坚守与传承。

（3）艺术作品。华侨艺术家创作的绘画、雕塑、音乐、舞蹈等艺术作品,融合了中华艺术传统与南洋艺术特色,既展现了东方美学韵味,又融入了西方艺术手法,是华侨文化多元融合的典范。

2.节日庆典:多元文化的交融与共享

（1）传统节日。海南华侨在海外依然保持着庆祝春节、端午、中秋等中国传统节日的习惯。这些活动不仅保留了中华传统的风俗礼仪,也融入了南洋的特色元素,如春节期间的舞狮、舞龙、放鞭炮等传统活动,与南洋特色的花车游行、灯笼装饰等相映成趣,体现了华侨文化中多元文化的交融。

（2）南洋特色节日。华侨在庆祝开斋节、水灯节等南洋特色节日时,也会邀请当地居民共同参与,增进文化交流与友谊。如在水灯节期间,华侨会与当地民众一起制作水灯,祈福许愿,共同感受南洋风情。

3.教育与学术活动:传承与创新的交汇点

（1）教育机构。华侨积极参与创办学校,不仅为华侨子弟提供优质的教育服务,更成为传承中华文化、培养爱国情怀的重要平台。学校通过开设中文课程、举办中华文化讲座、组织回国寻根之旅等活动,让华侨后代深入了解和热爱中华文化。

（2）学术研究与文化交流。海南华侨及学术界定期举办各类学术研讨会、文化节庆活动,如"海南华侨文化论坛""南洋文化节"等,邀请国内外专家学者、华侨代表共同探讨华侨文化的发展与创新,推动华侨文化的研究与传播。此外,海南还与海外华侨社团、华文教育机构合作,开展华文教育、文化交流项目,如"华文教育夏令营""海外华裔青少年寻根之旅"等,增进华侨与祖籍地的联系,传承和弘扬华侨文化。

海南华侨文化的表现形式丰富多样,涵盖了历史建筑、文献档案、艺术作品、节日庆典、教育与学术活动等多个方面,它们共同构成了海南华侨文化丰富多彩的外在表现,既传承了中华文化的精髓,又融入了南洋文化的特色,体现了华侨文化的开放包容与创新活力,对于推动中外文化交流、增进民族团结、提升国家文化软实力具有重要意义。

四、海南华侨文化的当代价值

海南华侨文化,作为中国移民文化的重要组成部分,在当今全球化的时代背景下,其独特性与价值愈发凸显,不仅对海南本土文化发展产生深远影响,更在多个维度上展现出不可替代的当代价值。

1.文化纽带作用:搭建中外交流桥梁

海南华侨文化以其深厚的中华底蕴与广泛的海外影响力,扮演着连接海南与全球华人社会的文化纽带角色。华侨群体长期在海外生活,既保留了中华文化的传统基因,又吸收了所在国的文化元素,形成了独特的跨文化身份。这种文化交融的特性使得华侨文化成为促进中外人文交流与互鉴的天然载体。华侨社群举办的各类文化活动,如国际龙舟赛、华文教育论坛、南洋美食节等,吸引了世界各地的人们参与,增进了各国人民对中华文化的理解和欣赏,对于构建和谐的国际关系、推动人类命运共同体理念的传播具有积极意义。

2.教育与道德示范:弘扬优秀精神品质

华侨文化蕴含的精神内核,如深厚的家国情怀、不屈不挠的艰苦奋斗精神、团结互助的社会责任感等,为当代社会尤其是教育领域提供了宝贵的德育资源。海南华侨的历史事迹、成功故事,可以作为生动教材,教育年轻一代树立正确的世界观、人生观、价值观。华侨对故土的眷恋、对中华文化的坚守,以及他们在异域他乡创业、守业的坚韧精神,为培育新一代的爱国主义情怀、全球视野与社会责任感提供了鲜活范例。

3.经济社会发展动力:引资引智引擎

华侨作为重要的经济力量,其投资、捐赠、人才回流等行为,为海南乃至全国的经济社会发展注入了强大动力。华侨资本在海南的投资涵盖了房地产、旅游业、现代农业、高新技术产业等多个领域,有力推动了地方产业结构优化升级。华侨的慈善捐赠则广泛用于教育、医疗、基础设施建设等领域,改善民生福祉,助力乡村振兴。此外,越来越多的华侨专业人士选择回国创业或参与家乡建设,带回了先进的管理经验、科技知识与国际人脉,为海南建设自由贸易港、打造国际旅游消费中心提供了智力支持与国际化人才保障。

4.国际影响力提升:中国文化软实力的名片

华侨在海外取得的显著成就,以及他们在政治、经济、科技、文化等领域的广泛影响力,极大地提升了中国文化的国际知名度与软实力。海南籍华侨在海外的成功典范,如知名企业家、科学家、艺术家等,通过自身的专业成就与社会影响力,向世界展示了中国人的智慧、才情与进取精神,成为塑造中国良好国际形象、提升国家文化软实力的重要力量。

海南华侨文化不仅是特定历史背景下形成的独特文化现象,更是富含人文价值、社会价值与战略价值的宝贵财富。其丰富的内涵、多元的表现形式以及深远的当代价值,对于展现海南地方文化特色、推动中外文化交流、提升国家文化软实力、促进经济社会发展、构建和谐国际关系等方面具有重要意义。面向未来,应当进一步加大对海南华侨文化的保护力度,系统梳理、传承其文化遗产,加强相关研究与宣传,创新文化表达方式,使其在新时代背景下焕发出更加璀璨的光彩,为海南自贸港建设、中华文化"走出去"战略以及构建人类命运共同体做出更大贡献。

第二节　海南华侨文化的育人价值

海南华侨文化作为中华文化的重要分支,凝聚了华侨群体在海外艰苦奋斗、开拓创新、传承中华文明的独特历程与精神风貌。其丰富的内涵与多元的表现形式,不仅具有深远的历史意义与社会价值,更在育人领域展现出独特的价值与功能。本节将从文化认同、道德教育、国际视野、创新创业四个维度,探讨海南华侨文化的育人价值。

一、文化认同:培植根深蒂固的中华情结

海南华侨文化以其深厚的中华传统文化底蕴,成为连接海外华人与祖国血脉亲情的纽带,为培养学生根深蒂固的中华情结提供了丰富的教育资源。

首先,海南华侨文化展现了华侨在异域环境中对中华文化的坚守与传承。在历史的长河中,华侨群体虽然身处异国他乡,但他们始终心系故土,以各种方式保留并传播中华语言、习俗、艺术、哲学等文化元素,使得中华文明在海外得以延续和发扬。通过学习海南华侨文化,学生能够深入理解华侨如何在异域环境中坚守中华文化,如何在多元文化交融中保持中华文化的独特性,从而深化对中华文化的认同感与自豪感。这种认同感的培养,有助于学生树立正确的文化观,认识到中华文化的博大精深与独特魅力,进而珍视和传承中华优秀传统

文化,形成对中华文化的深厚感情与坚定信念。

其次,海南华侨文化为学生提供了丰富的文化体验与实践机会,有助于他们亲身感受中华文化影响力,深化文化认同。例如,学生可以通过参观海南的华侨故居、会馆、学校等历史建筑,了解华侨在海外的生活状态与文化活动,感受他们对中华文化的坚守与传承;可以通过参与华侨社区的节日庆典、民俗活动,体验中华文化的丰富多样与生动活泼;可以通过学习华侨的语言、文学、艺术等文化产品,领略中华文化的深厚底蕴与艺术魅力。这些文化体验与实践,能够让学生在实际操作中感知中华文化的独特魅力,进一步加深对中华文化的认同感与自豪感。

通过学习海南华侨文化,学生能够深入了解华侨在异域环境中如何坚守中华文化,如何在多元文化交融中保持中华文化的独特性,从而加深对中华文化的认同感与自豪感。这种文化认同的培养,有助于学生树立正确的文化观,珍视和传承中华优秀传统文化,形成根深蒂固的中华情结,为构建中华民族共有精神家园奠定坚实基础。

二、道德教育:弘扬优良道德风尚

海南华侨文化蕴含的家国情怀、艰苦奋斗精神、团结互助精神等道德品质,是培养学生高尚道德情操的宝贵资源。华侨在海外的生存与发展过程中,始终心系祖国,积极参与和支持祖国建设,展现出深厚的家国情怀。一些优秀华侨企业家在异域他乡自强不息、艰苦创业,凭借勤劳智慧与坚忍毅力,从零起步,开创了庞大的商业帝国,为所在国经济社会发展做出了巨大贡献,同时也为祖国赢得了荣誉。这些故事能够激发学生的奋斗精神与进取心,让他们明白只有通过不懈努力与坚韧不拔,才能实现个人价值,为社会做出贡献。

华侨社群有团结互助、守望相助的传统。如海南籍华侨在海外成立了各种社团、基金会、学校等,他们通过组织各种活动,如捐款捐物、助学扶贫、文化交流等,帮助华侨同胞解决生活困难,维护华侨权益,弘扬中华文化,展现了团结互助、守望相助的精神风貌。这种传统能够引导学生树立团队协作意识与社会责任感,让他们明白个人的发展离不开社会的支持,应当积极回馈社会,关爱他人,为构建和谐社会贡献力量。

通过挖掘和弘扬海南华侨文化中的道德元素,可以对学生进行生动的道德教育,如组织学生参观华侨纪念馆、听华侨故事、参与华侨公益活动等,让他们在实践中感受华侨的道德品质,学习华侨的道德行为,培养其成为具有高尚道德品质的时代新人。同时,也可以将华侨的道德品质融入学校的德育课程,如开设"华侨精神""华侨文化"等课程,让学生在课堂上系统学习华侨的道德理念与行为规范,从而更好地传承和弘扬华侨的优良道德风尚。

海南华侨文化蕴含的家国情怀、艰苦奋斗精神、团结互助精神等,是培养学生高尚道德情操的宝贵资源。通过挖掘和弘扬这些道德元素,可以对学生进行生动的道德教育,培养其成为具有高尚道德品质的时代新人。同时,应当将华侨的道德品质融入学校的德育课程,让学生在课堂上系统学习华侨的道德理念与行为规范,从而更好地传承和弘扬华侨的优良道德风尚。

三、国际视野:开阔全球眼光与跨文化沟通能力

海南华侨文化作为中华文化与南洋文化交融的独特产物,其多元、开放的特性为培养学生国际视野与跨文化沟通能力提供了丰富的教育资源。

1. 文化认知与尊重。学生通过了解华侨在海外的生活经历与文化融合现象,能够直观感受不同文化的碰撞与交融,理解并尊重多元文化的价值与差异。这种教育有助于培养学生的文化敏感性与包容性,使其在面对全球化的挑战时,能够以开放的心态接纳并适应不同的文化背景,形成尊重多元、包容差异的全球担当意识。

2. 全球视野与战略思维。海南华侨文化中的成功案例,如华侨在商业、科技、艺术等领域取得的卓越成就,为学生提供了生动的全球视角。这些案例不仅展示了华侨如何在异国他乡立足、发展,更揭示了他们如何把握全球机遇,应对国际竞争,实现跨越国界的成功。通过对这些案例的学习与分析,学生能够开阔眼界,拓宽视野,提升全球意识,学会站在全球高度思考问题,形成具有战略眼光的全球视野。

3. 跨文化沟通能力。华侨社群在海外开展的华文教育、国际交流等活动,为学生提供了宝贵的跨文化沟通实践平台。通过参与这些活动,学生有机会与来自不同文化背景的人进行面对面的交流与合作,学习并掌握跨文化沟通的基本技巧与策略,如语言适应、文化适应、冲突解决等。这种实践经历能够有效提升学生的跨文化交际能力,使他们在未来的全球舞台上更加自信、从容地进行有效的跨文化沟通与合作。

四、创新创业：激发创新精神与创业意识

海南华侨文化中的创新精神与创业精神，为培养学生创新创业能力提供了丰富的启示与动力。

1.创新思维与勇气。华侨在海外创业的成功经验，如在陌生环境中寻找商机、克服困难、适应市场变化等，为学生提供了鲜活的创新案例。这些案例揭示了创新精神的核心要素——勇于探索、敢于冒险、善于解决问题，能够激发学生的创新思维，培养他们敢于挑战常规、敢于突破自我、敢于面对失败的创新勇气。

2.创业知识与技能。华侨企业在科技创新、商业模式创新等方面的实践，为学生提供了丰富的创业知识与技能。通过学习这些企业的成功经验，学生能够了解创业的基本规律与方法，如市场需求分析、商业模式设计、团队建设、风险管理等，从而为未来的创业之路储备必要的知识与技能。

3.创业精神与价值观。海南华侨文化中的创业精神，如艰苦奋斗、团结协作、诚信经营等，为学生树立了正确的创业价值观。这些价值观不仅指导着华侨在海外创业的成功，也将成为学生未来创业道路上的指路明灯，引导他们坚持正确的创业方向，坚守诚信经营的原则，形成积极向上、团结协作的创业精神。

由此可见，海南华侨文化在培养学生国际视野与跨文化沟通能力、激发创新精神与创业意识方面具有重要的教育价值。通过深入学习与体验海南华侨文化，学生能够在文化认知、全球视野、跨文化沟通、创新思维、创业知识、创业精神等方面得到全面提升，为未来在全球化背景下开展工作、生活，投身创新创业大潮做好充分准备。

综上所述，海南华侨文化在育人领域具有深厚的价值与广阔的应用空间。通过挖掘和利用海南华侨文化的文化认同、道德教育、国际视野、创新创业四大育人价值，可以全方位、多层次地培养学生的综合素质，为培养具有中华文化底蕴、全球视野、创新精神与创业意识的新时代人才提供有力支撑。因此，应当在教育体系中充分融入海南华侨文化教育，通过课程设置、实践活动、文化体验等多种方式，使学生深入理解和体验海南华侨文化，从中汲取智慧与力量，成长为符合时代需求的高素质人才。

第三节　海南华侨文化融入海南高校立德树人工作的实践探索

海南作为我国重要侨乡,拥有丰富的华侨文化资源。近年来,海南高校深入挖掘华侨文化资源,将其融入立德树人全过程,通过课程建设、实践创新、文化传承等多维度探索,形成了具有海南特色的华侨文化育人模式,为培养具有家国情怀和国际视野的新时代人才提供了重要支撑。

一、课程思政与专业教育融合:构建华侨文化育人课程体系

1.思政课程专题化教学改革

海南高校将华侨文化纳入"思想道德与法治""中国近现代史纲要"等思政课程,开发"华侨精神与海南自贸港建设""归侨奋斗与家国情怀"等专题模块。海南大学马克思主义学院在"海南地方史"课程中设置"华侨与海南开发"章节,系统讲解华侨在海南经济、文化发展中的贡献。琼台师范学院在"中华民族共同体概论"课程中,结合华侨"爱国爱乡"精神,设计"文化认同与侨乡发展"案例教学。

2.专业课程文化元素渗透

各高校注重将华侨文化融入专业教育。海南大学旅游管理专业在"文化遗产保护"课程中开设"侨乡建筑保护"专题,组织学生调研文昌骑楼老街、兴隆华侨农场等文化遗产;美术学院开展"华侨主题绘画"工作坊,学生通过艺术创作展现华侨历史。海南师范大学文学院将华侨题材文学作品纳入"海南文学"教学,分析《南洋泪》等文献中的侨乡叙事。三亚学院国际传播专业开发"华侨文化外宣"课程模块,探讨如何向国际社会讲好华侨故事。

3.校本课程特色化开发

海南高校积极开发华侨文化校本课程。海南大学开设"海南华侨文化概论"通识选修课,系统讲授华侨历史、侨乡习俗及归侨贡献。琼台师范学院编写《华侨精神与师德修养》校本教材,梳理华侨教育传统对师德建设的启示。海南热带海洋学院联合省侨联推出"侨乡文化传承"慕课,累计选课学生达 1.2 万人次。

二、校园文化浸润:打造华侨文化育人品牌活动

1.主题教育活动常态化

各高校以"华侨文化月""侨乡精神宣传周"等为契机,开展形式多样的主题教育活动。海南大学连续两年举办"侨乡文化读书月",通过"华侨诗词朗诵会""侨乡摄影展""归侨故事会"等活动,吸引学生广泛参与。2024 年 8 月,该校"海韵侨心"实践团赴万宁兴隆开展调研,采访归侨杜添江等 10 余人,形成口述史资料 20 余万字。琼台师范学院每年组织"侨乡文化宣讲团",深入社区、中小学开展教育活动,2023 年覆盖受众 5000 余人次。

2.文化品牌项目创新

海南高校注重打造具有影响力的文化品牌。海南大学"南海记忆工作坊"举办"华侨与海洋"国际学术论坛,吸引来自东南亚国家的学者参与。三亚学院举办"华侨文化与海上丝绸之路"主题展演,通过琼剧、东南亚歌舞等非遗形式呈现华侨故事。琼台师范学院将华侨文化融入"三月三"黎族文化节,组织"侨乡美食与黎族歌舞"联展,促进文化交融。

3.网络文化空间拓展

各高校利用新媒体平台扩大华侨文化传播力。海南大学图书馆创建"华侨文化数字资源库",收录文献资料 3000 余篇、影像资料 800 余小时。海南省侨联微信公众号开设"侨乡故事"专栏,定期推送华侨历史、归侨事迹等内容,累计阅读量突破 15 万次。琼台师范学院开发"侨乡文化虚拟展厅",运用 VR 技术还原文昌侨乡风貌,学生可沉浸式体验侨乡生活。

三、社会实践创新:构建华侨文化育人实践平台

1.研学基地共建共享

海南高校与地方政府、文化机构合作共建华侨文化研学基地。海南大学与万宁市共建"兴隆华侨农场研学基地",组织学生开展文献整理、志愿服务等活动。琼台师范学院与文昌市侨联签订协议,联合开发"侨乡红色研学路线"。2024 年暑期,海南大学"海韵侨心"实践团赴文昌、万宁等地调研,形成《海南侨乡文化保护与开发建议》等报告 3 份。

2.志愿服务项目化运作

各高校将华侨文化融入志愿服务体系。海南科技职业大学组建"侨乡文化宣讲队",深入社区开展"归侨故事进万家"活动,累计服务群众8000余人次。琼台师范学院将华侨文化纳入师范生教育实践,组织学生在支教中开展"侨乡主题班会"。三亚学院设立"华侨文化传承创新"大学生创新创业项目,支持学生开发侨乡文创产品,相关成果获海南省"挑战杯"竞赛银奖。

3.红色教育与侨乡传承相结合

海南高校注重将华侨文化与红色教育相融合。海南大学组织学生参观琼崖纵队纪念馆,开展"华侨支援琼崖革命"联学活动。琼台师范学院在"红色娘子军"研学中融入华侨元素,引导学生理解华侨在革命中的贡献。2024年12月,海南省侨联与琼台师范学院联合举办"华侨红色精神研讨会",系统梳理华侨在琼崖革命中的历史贡献。

四、师资队伍建设与协同机制创新

1.教师研修与学术研究

海南高校通过专题培训、学术研讨提升教师文化素养。海南省侨联连续三年举办"华侨文化骨干教师研修班",邀请国内外专家授课。海南大学组织教师赴东南亚国家考察华侨文化遗迹,深化理解。琼台师范学院将华侨文化纳入新教师岗前培训,要求教师掌握侨乡历史核心内容。

2.跨学科研究平台支撑

各高校依托研究机构深化华侨文化研究。海南大学"南海记忆工作坊"设立"华侨与海洋强国"专项课题,资助项目15项。琼台师范学院成立"华侨文化研究中心",出版《海南华侨教育史》等专著3部。海南热带海洋学院与省侨联共建"华侨文化数字化研究基地",开发华侨文化知识图谱。

3.校地协同育人机制

海南高校与地方政府、侨联、企业建立协同机制。海南大学与海口市侨联共建"侨乡文化传承创新示范区",开展侨乡非遗保护项目。琼台师范学院与文昌会文镇合作,建立"侨乡振兴实践基地",组织学生参与乡村振兴。海南大学"海韵侨心"实践团与万宁兴隆华侨农场合作,开发侨乡旅游线路,助力地方经济发展。

五、实践成效与未来展望

1. 育人成效显著

通过多年实践,海南高校在华侨文化育人方面取得显著成效。据统计,海南大学参与华侨文化活动的学生中,94%认为增强了文化自信,87%表示深化了对自贸港建设的责任感。琼台师范学院调查显示,接受华侨文化教育的师范生中,91%在教学实习中主动融入侨乡元素。

2. 社会影响扩大

海南高校的实践探索得到社会广泛认可。2024年12月,《光明日报》专题报道海南大学侨乡文化育人经验。海南省侨联与马来西亚、新加坡等国高校合作出版华侨文化专刊,向国际社会传播中国侨乡故事。

3. 未来发展方向

数字化转型:建设华侨文化虚拟现实实验室,开发AR/VR沉浸式教学场景,如海南大学计划投资1500万元建设"侨乡数字展厅"。

国际交流:打造"一带一路"华侨文化研究中心,与东南亚高校开展联合培养项目。

校地协同:与地方政府共建华侨文化传承创新示范区,如琼台师范学院与文昌市共建"侨乡文化产业园"。

品牌提升:培育"华侨文化节""侨乡论坛"等特色品牌,计划每年举办国际学术会议。

学科建设:加强华侨文化学科建设,海南大学拟新增华侨文化研究硕士点,培养高层次人才。

海南高校将继续以习近平新时代中国特色社会主义思想为指导,深入挖掘华侨文化资源,创新育人模式,为海南自贸港建设培养具有家国情怀、国际视野的时代新人,为传承中华优秀传统文化贡献海南智慧。

第四节　海南华侨文化融入海南高校立德树人工作路径优化设计

在前述实践探索基础上,为进一步提升海南华侨文化育人效能,构建具有自贸港特色的高校立德树人体系,现从"机制建设—课程体系—实践平台—师资队伍—评价体系"五个维度提出优化路径,努力构建系统化、长效化、特色化的华侨文化育人体系,形成可复制、可推广的海南特色育人模式。

一、构建"三位一体"协同育人机制

1. 校政联动机制

(1)建议由省教育厅牵头成立"华侨文化育人联盟",整合海南大学、琼台师范学院等多所高校资源,制定《海南省华侨文化育人五年行动计划》。

(2)建立省级"华侨文化研究智库",设立年度专项课题(如"华侨精神与自贸港建设耦合机制研究"),推动成果转化应用。

2. 校企协同机制

(1)积极推动与海南国际经济发展局共建"华侨创新创业孵化基地",引入华侨企业设立"侨创奖学金",每年支持若干个学生双创项目。

(2)积极联合文昌华侨城、兴隆华侨农场等打造"沉浸式育人园区",开发"侨乡振兴"虚拟仿真实验教学项目。

3. 校际合作机制

(1)推动建立"东南亚华侨高校联盟",与新加坡南洋理工大学、马来西亚新纪元大学等共建"华侨文化慕课平台",实现学分互认。

(2)探索设立"海上丝绸之路青年学者论坛",每年举办华侨文化主题学术夏令营。

二、打造"四维融合"课程育人体系

1. 通识课程精品化

(1)积极开发"华侨精神与自贸港建设""华侨家书中的中国精神"等省级精品在线课程,构建"必修＋选修＋微课"三级课程群。

(2)探索实施"百本侨书阅读工程",遴选《海南华侨史话》《南洋家国》等著作纳入通识教育必读书目。

2. 专业课程特色化

(1)可在旅游管理等专业增设"侨乡遗产保护"方向,建设省级虚拟教研室;在国际商务及相关专业开设"华侨商贸史"双语课程。

(2)积极推动美术学院与万宁市政府合作"侨乡建筑艺术活化"项目,形成"田野调查—艺术创作—成果转化"教学链。

3. 实践课程项目化

(1)探索设计"五个一"(一次侨乡调研、一场侨史讲解、一件文创设计、一封家书撰写、一项侨企实习)实践育人。

(2)积极开发"华侨文化传承"劳动教育课程包,包含侨乡古法咖啡制作、南洋糕点烘焙等 10 个实践模块。

4. 网络课程智能化

(1)推动建设"数字侨乡"VR 教学资源库,运用三维建模技术复原 20 处华侨历史建筑,开发"闯南洋"情景模拟游戏。

(2)积极打造"华侨文化知识图谱",通过 AI 算法实现个性化学习路径推荐。

三、完善"五阶递进"实践育人平台

1. 认知启蒙平台

尝试在新生入学教育中设置"侨乡第一课",组织参观海南省华侨博物馆,观看《下南洋》纪录片并撰写观后感。

2. 情感浸润平台

积极建设"侨心驿站"校园文化景观,设置归侨口述史互动墙、南洋风情文化长廊,每月举办"侨乡下午茶"交流活动。

3. 能力提升平台

探索实施"青侨计划"培养工程,选拔优秀学生参与华侨文化外宣项目,如制作多语种《海南华侨故事》短视频系列。

4. 创新实践平台

推动设立"华侨文化双创基金",重点支持侨乡非遗数字化、华侨家谱区块链存证等 10 类创新项目,建立"创意市集—孵化器—产业园"三级培育体系。

5. 国际传播平台

积极组建"海南侨声"国际传播团队,运用数字人技术打造"虚拟侨领"IP形象。

四、建设"双师四能"师资队伍

1. 实施教师素养提升工程

(1)推动建立"华侨文化教师研修基地",开发《华侨文化教学能力标准》,将侨史知识纳入教师资格认证考核体系。

(2)探索推行"双导师制",聘请20位海外杰出华侨担任客座教授,与校内教师结对开展课程开发。

2. 构建教研协同创新体系

(1)推动成立跨学科"华侨文化研究院",设立"侨乡口述史""华侨数字人文"等研究中心,出版《海南华侨文化研究年鉴》。

(2)探索建立"华侨文化教学案例库",每年评选优秀教学案例并纳入省级思政工作资源平台。

3. 完善激励机制

(1)探索单列"华侨文化育人"职称评审通道,对取得重大成果的教师实施"直聘"政策。

(2)推动设立"侨教新星"奖教金,每年表彰10位在华侨文化育人中表现突出的青年教师。

五、建立"三维量化"评价体系

1. 学生成长评价

积极开发"华侨文化素养测评系统",从认知、情感、行为三个维度设置20项指标,建立学生个人文化素养数字档案。

2. 项目实施评价

推动制定《华侨文化育人项目绩效评估办法》,采用"过程性评价+终结性评价"相结合的方式,引入第三方专业机构开展成效评估。

3. 体系运行评价

积极构建包含"资源投入—过程管理—成果产出—社会影响"4个一级指标、12个二级指标的综合评价模型,定期发布《海南省华侨文化育人蓝皮书》。

六、实施保障机制

1. 制度保障

推动修订《海南省华侨权益保护条例》，增设"华侨文化教育"专章，明确高校育人主体责任。

2. 资源保障

探索设立省级"华侨文化育人专项基金"，确保每年投入充足、到位，重点支持课程开发、基地建设、国际交流等项目。

3. 技术保障

推动建设"智慧侨教"大数据平台，整合全省华侨文化资源，实现"课程—实践—研究—评价"全流程数字化管理。

4. 质量保障

探索建立"高校自查—专家督导—社会监督"三级质量监控体系，将华侨文化育人成效纳入高校党建考核指标体系。

质言之，本优化设计通过构建"12345"实施框架（1个目标、2类主体、3重机制、4维课程、5阶平台），形成具有海南特色的华侨文化育人生态系统。预计到2027年，全省高校将建成3个国家级华侨文化传承基地，培养500名具备跨文化传播能力的复合型人才，为海南自贸港建设提供强有力的文化支撑和人才保障。

第七章 海南生态文化与海南高校立德树人工作

第一节 海南生态文化概述

海南,位于南海之滨,以其独特的地理位置、丰富的生物多样性以及深厚的历史人文积淀,孕育出独具特色的生态文化。这一文化形态不仅反映了海南人民与自然环境的和谐共生关系,更体现了其在生态文明建设中的创新实践与发展理念。本节将从生态文化的内涵、特征、实践与价值四个方面,对海南的生态文化进行深入探讨。

一、海南生态文化的深层内涵

海南生态文化是根植于海南特有自然生态土壤,经过历史长河的洗礼,融合地域历史、民族传统、社会经济等多元要素,孕育而成的一种深具人文关怀与生态智慧的综合文化形态。它不仅是一种观念体系,更是一种行为规范和价值取向,渗透于海南人民的生活实践与精神世界之中,引领人们在尊重、顺应、保护自然的过程中实现人与自然的和谐共生。

1. 对生态环境的科学认知

海南生态文化首先体现在对生态环境的科学认知上。海南地处热带,拥有丰富的生物多样性与独特的生态系统,如热带雨林、珊瑚礁、红树林等。这种特殊的自然环境孕育了海南人民对生态环境复杂性、脆弱性及生态价值的深刻理解。他们尊重自然规律,通过科学研究揭示生态系统的运行机制,了解生态系统的功能价值与服务功能,形成对生态环境保护的科学认知基础。

2. 生态伦理的道德约束

在海南生态文化中,生态伦理起着道德约束的作用,指导人们在与自然相处的过程中遵循公正、公平、尊重的原则。海南人民认为,人与自然是生命共同体,每一个生物都有其生存权利,人类应当尊重自然、爱护自然,避免过度开发与破坏。这种生态伦理观念在黎族的"山兰稻种植"、苗族的"山林祭祀"等传统习俗中得以生动体现,成为维系人与自然和谐关系的重要道德准则。

3.生态美学的审美追求

海南生态文化中的生态美学,源自对大自然的敬畏与热爱,体现在对自然美景的欣赏、对生态和谐的崇尚以及对生态艺术的创造上。海南的自然风光如诗如画,蓝天、碧海、椰林、沙滩、热带雨林等构成了一幅幅美丽的生态画卷。同时,海南人民在艺术创作中融入了生态元素,如黎族的"黎锦"、汉族的"海洋诗歌"等,展现出人与自然和谐共融的生态美学追求。

4.生态智慧的生活实践

海南生态文化的核心在于生态智慧的生活实践,即在日常生活中践行尊重自然、顺应自然、保护自然的理念。海南人民在农业生产、渔业捕捞、城市建设、旅游开发等方面,积极运用生态智慧,如推广生态农业、实行休渔制度、建设绿色建筑、推行绿色旅游等,实现了经济、社会、环境的协调发展。此外,海南在政策制定与社会治理中也体现出生态智慧,如设立生态补偿机制、推行绿色 GDP核算、实施严格的生态保护红线制度等,为生态文明建设提供了制度保障。

海南生态文化是一个内涵丰富、层次分明的文化体系,它以科学认知为基础,以生态伦理为指引,以生态美学为追求,以生态智慧为实践,全方位、深层次地展现了海南人民与自然和谐共生的生态理念与生活方式,为构建人与自然和谐共生的美丽家园提供了宝贵的海南经验与智慧。

二、海南生态文化的鲜明特征

1.地域性:热带海岛生态烙印

海南生态文化显著的地域特性源于其独特的热带海岛地理环境。这种环境特点赋予了海南生态文化对海洋生态系统的深切关注与保护意识。海洋不仅是海南的生命线,也是其生态文化的核心载体。海南生态文化强调对海洋生态系统的科学研究、合理利用与严格保护,关注海洋生物多样性、珊瑚礁生态系统健康、海岸带保护与管理等议题,展现对蓝色家园的深深依恋与责任担当。

同时,海南独特的陆地生态系统,如热带雨林、珊瑚礁、红树林等,作为全球生物多样性热点地区,被海南生态文化视为珍贵的自然遗产与生态宝藏。这些生态资源的保护与可持续利用,成为海南生态文化实践的重要组成部分。面对台风、季风等典型热带气候现象,海南人民在长期生活中积累了应对自然灾害的智慧,发展出适应性农业、防灾减灾策略等,体现了生态文化中与自然和谐共处、因势利导的一面。

2. 民族性:多民族文化交融的生态智慧

海南作为黎族、汉族、苗族等多民族聚居地,其生态文化呈现出丰富多元的民族特色。各民族的传统生态知识、习俗与信仰相互交织,共同塑造了海南生态文化的独特面貌。

黎族作为海南的世居民族,其生态智慧尤为突出。黎族人民与热带雨林共生,形成了独特的森林农耕文化,如山兰稻种植、林下经济等,这些实践体现了他们对自然生态系统的深度理解和巧妙利用。黎族的生态知识、传统医药、节庆仪式等,无不蕴含着人与自然和谐共生的理念。

汉族在海南的海洋文化传统中扮演重要角色,海洋捕捞、水产养殖、海盐制作等技艺世代相传,形成了深厚的海洋生态文化底蕴。此外,汉族的海洋民俗、海洋文学、海洋艺术等,也反映出对海洋生态的敬畏与依赖。

苗族及其他少数民族则通过山林祭祀、草药采集等习俗,传递着对山地生态系统的尊崇与保护意识。这些多民族生态文化的交织融合,构成了海南生态文化多元共生、互鉴互补的特点。

3. 创新性:生态文明建设的先行者

海南在生态文明建设中展现出了强大的创新精神与行动力。早在1999年,《海南省人民代表大会关于建设生态省的决定》率先提出并实施生态省战略,这一前瞻性的决策使其成为中国生态文明建设的先行者。海南在实践中不断创新生态治理模式,如建立生态补偿机制,通过经济手段激励生态保护行为;发展绿色金融,引导资本流向环保产业与绿色项目;推动生态旅游,实现旅游开发与生态保护的双赢。

海南还积极探索生态立法、生态教育、绿色技术等领域的新路径,致力于构建完善的生态文明制度体系,提升全社会的生态文明素养,推动绿色低碳技术的研发与应用。这些创新实践不仅提升了海南自身的生态环境质量,也为全国乃至全球的生态文明建设提供了宝贵的经验借鉴与示范效应。

4. 全球性:开放交流与国际影响力的彰显

作为国际旅游岛和自由贸易港,海南生态文化在开放交流中展现出全球视野与国际影响力。海南积极引进国际先进的生态理念与管理模式,参与全球生态治理对话与合作,如承办国际生态论坛、加入国际环保组织、签署跨国生态合作协议等,推动生态文化的国际交流与互鉴。

海南的生态旅游资源,如国家公园、自然保护区、生态旅游景区等,吸引了世界各地的游客,成为传播生态文化、提升生态意识的重要窗口。与此同时,海南生态旅游业的发展注重环保标准与国际接轨,推动绿色旅游认证、生态旅游标准制定等工作,努力塑造国际生态旅游目的地的品牌形象。

海南生态文化以其鲜明的地域性、民族性、创新性和全球性特征,展现了海南在生态文明建设中的独特贡献与国际影响力,为构建全球生态命运共同体提供了生动的区域范例。

三、海南生态文化的实践探索

1. 生态文明制度建设:法治护航,绿色导向

海南在生态文明建设中高度重视制度建设,通过建立健全生态环保法规体系,为生态文化的落地提供坚实的制度保障。海南不断完善地方性环保法规,细化国家环保法律法规在地方的实施细则,构建起涵盖生态保护、污染防治、资源利用、生态补偿等领域的法规体系,确保生态文化理念在政策制定与执行中得以贯彻。

海南严格执行生态保护红线制度,划定并严守生态空间边界,严禁不符合生态功能定位的开发活动,确保重要生态功能区、生态环境敏感区和脆弱区得到有效保护。通过实施严格的红线管控,海南切实保护了生态环境的核心价值区域,为生态文化实践划定了不可逾越的底线。

海南积极推进绿色 GDP 核算,将资源消耗、环境损失等外部成本内部化,引导地方政府和企业转变单纯追求经济增长的发展模式,转向绿色、低碳、可持续的发展道路。绿色 GDP 核算体系的构建与实施,使得生态文化中尊重自然、保护生态的价值导向在经济发展决策中得以量化体现,为实现经济社会发展与生态环境保护的双重目标提供了科学的决策依据。

2. 生态修复与保护:恢复生态活力,守护生物多样性

海南在生态修复与保护工作中,聚焦珊瑚礁、红树林、湿地等重要生态系统,实施大规模的修复工程。通过科学规划、技术创新和多方参与,海南成功恢

复了大量退化或受损的生态系统,提高了生态系统的稳定性和韧性,为珍稀濒危物种提供了适宜的生存环境,有效维护了生物多样性。

海南还设立了各类自然保护区,包括国家级、省级以及各类专项保护区,对珍稀动植物种群、特殊生境和重要生态系统进行重点保护。自然保护区的设立与有效管理,为海南生物多样性保护筑起了坚固屏障,同时也是生态文化中尊重生命、保护自然理念的具体实践。

3. 绿色产业发展:绿色引擎,驱动转型

海南积极发展绿色农业、生态旅游、清洁能源等绿色产业,推动产业结构绿色转型,实现经济社会发展与生态保护的双赢。在绿色农业方面,海南推广有机农业、生态农业、循环农业等模式,减少化肥农药使用,保护农田生态系统,提升农产品品质,打造绿色农业品牌。

生态旅游是海南的重要支柱产业。海南始终坚持生态优先,推广绿色旅游理念,开发低冲击、高体验的生态旅游产品,引导游客尊重自然、爱护环境。清洁能源产业方面,海南充分发挥其丰富的太阳能、风能等可再生能源资源优势,大力推动新能源项目落地,优化能源结构,降低碳排放,为全省经济社会发展提供绿色动力。

4. 生态文明教育与公众参与:全民动员,共建共享

海南积极推动生态文化进校园、进社区,通过举办生态文化节庆、开设生态教育课程、组织环保志愿活动等形式,将生态文化理念融入教育体系和社会生活,提高公众尤其是青少年的生态意识和环保素养。生态文化节庆活动如"海南国际观鸟节""海洋保护日"等,不仅丰富了公众的文化生活,更成为传播生态文化、倡导绿色生活方式的重要平台。

此外,海南鼓励全社会参与生态建设,通过公众参与式决策、环保志愿服务、社区环保项目等方式,激发公众的生态保护积极性,形成政府主导、社会参与、公众监督的生态治理格局。公众的广泛参与,使得生态文化从理念走向实践,从个体行动升华为社会共识,为海南生态文明建设注入源源不断的活力。

海南在生态文明制度建设、生态修复与保护、绿色产业发展、生态文明教育与公众参与等方面进行了全方位、多层次的实践探索,有效推动了生态文化的落地生根,为建设美丽海南、实现人与自然和谐共生提供了有力支撑。

四、海南生态文化的多元价值

1. 生态价值:维护地球生态安全的绿色屏障

海南生态文化强调人与自然和谐共生,倡导尊重自然、顺应自然、保护自然的价值观,为维护全球生态平衡、保护生物多样性、保障生态安全做出了重要贡献。海南拥有丰富的生物多样性资源,包括热带雨林、珊瑚礁、红树林等独特生态系统,这些生态资源既是地球生物多样性的重要宝库,也是全球气候变化调节的重要"肺脏"。海南生态文化推动的生态保护与修复实践,如珊瑚礁修复、红树林保护、湿地恢复等,有效维护了这些生态系统的健康稳定,为生物多样性保护提供了有力保障,也为全球生态安全筑起一道坚固的绿色屏障。

2. 经济价值:绿色经济发展的创新引擎

海南生态文化在推动绿色产业发展方面展现出强大的经济价值。绿色农业、生态旅游、清洁能源等绿色产业在海南得到大力发展,不仅推动了经济增长,创造了大量就业岗位,提升了区域经济竞争力,而且实现了经济效益与生态效益的双赢。绿色产业的发展不仅符合全球绿色经济转型的趋势,也为海南经济社会可持续发展找到了新的增长点。海南自由贸易港的建设,进一步推动了绿色金融、绿色贸易等新业态的发展,为绿色经济的繁荣注入了强大动力。

3. 社会价值:生态文明教育与社区凝聚力的塑造者

海南生态文化通过生态文明教育与公众参与,提升了公众的生态素养,促进了社会公平正义,增强了社区凝聚力,为构建和谐社会发挥了重要作用。生态文化进校园、进社区等活动,普及了生态知识,提高了公众的环保意识,培养了公民的生态道德,为生态文明建设奠定了广泛的群众基础。生态文化节庆、环保志愿服务等公共参与活动,不仅丰富了公众的文化生活,也增强了社区成员之间的联系与合作,形成了共同保护生态环境的良好社会风尚,促进了社会的和谐稳定。

4. 文化价值:中华生态文化的重要载体与全球生态文明建设的启示源

海南生态文化作为中华生态文化的重要组成部分,承载了中华民族尊重自然、和谐共生的古老智慧,为全球生态文明建设提供了宝贵的文化资源与实践经验。海南生态文化的多元性、包容性与创新性,展示了人类文明多样性的魅力,为全球不同文化背景下的生态文明建设提供了借鉴。海南生态文化在国际交流中的影响力,进一步提升了其在全球生态文明建设中的地位,为推动全球生态文明共识的形成与实践贡献了独特的海南智慧。

综上所述,海南生态文化以其鲜明的地域特色、丰富的实践形态和深远的价值内涵,不仅为海南的生态文明建设提供了深厚的文化支撑,更为全球生态文明建设贡献了独特的海南智慧。在新时代背景下,深入挖掘、传承与弘扬海南生态文化,对于推动海南自由贸易港绿色高质量发展,构建人与自然和谐共生的地球家园具有重大意义。海南生态文化的实践与传播,不仅有助于提升海南的国际影响力,也将为全球生态文明建设提供重要的思想资源与行动指南,成为海南对外文化交流的一张亮丽名片。在未来的发展中,海南将继续深化生态文化建设,为构建美丽中国贡献海南智慧和海南方案。

第二节 海南生态文化的育人价值

海南生态文化作为中华生态文化的重要组成部分,以其独特的地域特征、丰富的实践形态与深远的价值内涵,在育人领域具有不可忽视的作用。它不仅是提升大学生生态素养、培养大学生绿色发展理念的重要载体,也是塑造大学生社会责任感、创新精神与全球视野的有效途径。本节试从生态教育、价值观塑造、创新能力培养及全球视野拓展四个层面,深入阐述海南生态文化的育人价值。

一、生态教育的鲜活教材

海南生态文化以其得天独厚的自然资源与生态多样性,为生态教育提供了生动、直观且富于实践性的教材。这片热带岛屿不仅拥有丰富的生物资源,如热带雨林、珊瑚礁、红树林等生物多样性热点,而且还频繁经历台风、季风等自然现象,这些独特的生态现象和环境条件为生态学、环境科学等相关专业提供了无与伦比的天然实验室。

1. 生态系统的活教材

热带雨林作为地球上生物多样性最为丰富的生态系统之一,其复杂的物种交互、能量流动与物质循环,为学生理解生态系统的结构、功能与动态提供了绝佳案例。海南的热带雨林保留了众多珍稀濒危物种和特有植物群落,实地考察能让学生直观感受生物多样性的重要性和生态系统服务功能,如水源涵养、气候调节、生物资源供给等。

珊瑚礁被誉为"海洋中的热带雨林",其生物多样性之丰富、生态系统之复杂同样令人叹为观止。海南是全球最重要的珊瑚礁分布区之一,实地潜水或通过水下摄像设备,学生能够目睹珊瑚与众多海洋生物共生的奇妙景象,深入理解珊瑚礁在海洋生态、生物进化、海岸防护等方面的重要作用,以及面临的威胁与保护策略。

红树林则是陆地与海洋过渡地带的独特生态系统,其防风消浪、固碳储碳、净化水质等功能对维持海岸带生态平衡至关重要。通过实地考察海南的红树林湿地,学生能够实地观察红树植物的特殊适应性、鸟类及底栖生物的多样性,理解红树林生态系统在应对气候变化、保护生物多样性及维护海岸带生态安全中的独特价值。

2. 自然现象的现场教学

海南地处台风、季风等频发地带,这些自然现象为环境科学、气象学等相关专业的学生提供了近距离观察、研究的机会。通过跟踪台风路径、测量风速雨量、分析灾害影响等实地观测与数据收集,学生能够深入理解气候系统的工作原理,学习灾害预警、风险评估与应急管理等实用知识,提升应对气候变化与防灾减灾的能力。

3. 实地考察与野外实习

海南丰富的生态资源为高校开展实地考察、野外实习等教学活动提供了理想的场所。学生在教师指导下,参与生态调查、样方设计、物种识别、环境监测等实践活动,不仅能够亲手操作科研仪器,提升实验技能,更能在实际操作中深化对生态学理论的理解,培养严谨的科研态度与团队协作精神。同时,实地接触和保护生态环境的过程,有助于培养学生尊重自然、保护生态的伦理意识,提升其生态素养。

海南生态文化以其丰富的生态资源与独特的生态系统,为生态教育提供了鲜活的教材。通过实地考察、野外实习等教学方式,学生能够在亲身体验自然生态魅力的同时,深入了解生态系统的运行机制与保护的重要性,从而深化对生态知识的理解,提升生态素养,为未来投身生态环境保护与可持续发展事业打下坚实基础。

二、绿色价值观的塑造者

海南生态文化以其深厚的尊重自然、顺应自然、保护自然的价值底蕴,对大学生形成绿色发展理念产生了深远影响,成为塑造新一代绿色公民的重要力量。这一文化内核不仅体现在理念层面,更在海南生态文明制度建设、生态修复与保护、绿色产业发展等具体实践中得以生动展现,为大学生提供了绿色发展的鲜活范例,引导他们理解并践行经济发展与生态保护的共赢之道。

1. 生态文明制度建设:绿色发展的制度保障

海南在生态文明制度建设上的积极探索与实践,向大学生展示了制度层面推动绿色发展的重要性与可能性。如实施严格的生态保护红线制度,将生态价值纳入决策考量,确保重要生态功能区不受破坏;推进绿色 GDP 核算,引导经济活动向绿色低碳转型;建立健全生态补偿机制,激励各方主体参与生态保护。这些制度创新让大学生深刻认识到,绿色发展并非空洞的口号,而是需要制度保障与政策引导的系统工程,从而激发他们对绿色政策设计与实施的关注与思考。

2. 生态修复与保护:人与自然和谐共生的生动实践

海南在生态修复与保护方面的成功案例,如珊瑚礁修复、红树林保护、湿地恢复等,为大学生提供了直观感受人与自然和谐共生的现场教学。通过实地参观、参与志愿服务等方式,大学生能够见证生态修复的艰辛过程与显著成效,理解保护生物多样性、维护生态平衡的重要性,从而深化对绿色发展理念中"尊重自然、顺应自然"的理解。同时,这些实践也让大学生意识到,生态保护并非孤立行为,而是需要全社会共同参与、共同努力的长期事业,从而激发他们的环保意识与社会责任感。

3. 绿色产业发展:绿色经济的创新样板

海南在绿色产业发展方面的积极探索与成功实践,如发展绿色农业、生态旅游、清洁能源等,向大学生展示了绿色经济的广阔前景与巨大潜力。通过实地考察、案例分析、企业访谈等方式,大学生能够深入了解绿色产业的发展模式、创新路径与社会经济效应,认识到经济发展与生态保护可以并行不悖,甚至相辅相成。这有助于打破他们对传统发展模式的刻板印象,激发他们对绿色经济、循环经济、低碳经济等新型发展模式的兴趣与热情,培养他们成为绿色经济的倡导者与推动者。

4.生态文化教育与公众参与:绿色生活的社会动员

海南通过举办生态文化节庆、开展环保志愿服务等活动,将生态文化教育与公众参与相结合,有效提升了大学生的环保意识与社会责任感。这些活动不仅提供了学习生态知识、交流环保经验的平台,更通过亲身参与、社区互动,让大学生体验到绿色生活方式的乐趣与价值,从而自觉成为绿色生活方式的倡导者与实践者。他们不仅在校园内推广绿色理念,倡导节能减排、垃圾分类等绿色行为,更在毕业后将绿色价值观带入各行各业,成为推动社会绿色转型的重要力量。

海南通过生态文明制度建设、生态修复与保护、绿色产业发展及生态文化教育与公众参与等多维度实践,为大学生提供了全方位、立体化的绿色教育,引导他们形成尊重自然、顺应自然、保护自然的绿色发展理念,成为绿色生活方式的倡导者与实践者,为构建人与自然和谐共生的未来社会奠定了坚实基础。

三、创新能力的磨砺场

海南生态文化以其丰富的创造性实践,为大学生提供了一个全方位、多层次的创新思维锻炼平台,助力他们在实践中提升跨学科知识应用能力、创新思维与实践能力,同时开阔国际视野,培养全球思维,为成长为具有国际竞争力的创新型人才铺就坚实道路。

1.创新实践案例库:生态补偿、绿色金融与生态旅游

海南生态文化中的生态补偿、绿色金融与生态旅游等创新实践,为大学生提供了生动鲜活的创新案例库。生态补偿机制的实施,让学生看到如何通过经济手段激励生态保护行为,实现生态价值的内在化,培养其运用经济学、法学等跨学科知识解决生态问题的能力。绿色金融的探索,如绿色信贷、绿色债券、碳金融等,让学生深入了解金融工具在推动绿色经济转型中的作用,提升其金融创新思维与实践技能。生态旅游的蓬勃发展,则让学生看到如何将生态资源转化为经济优势,实现经济效益与生态效益的双重提升,启发其在旅游规划、市场营销、社区参与等方面创新思考。

2. 创新思维训练营:跨学科知识应用与实践能力提升

在学习和研究海南生态文化的创新实践过程中,大学生需要运用生态学、经济学、法学、管理学等多学科知识,分析问题、提出解决方案,这无疑是对他们跨学科知识应用能力的极好锻炼。同时,通过实地调研、案例分析、模拟演练等教学手段,大学生能够亲身体验创新过程,提升发现问题、分析问题、解决问题的创新思维能力,以及将理论知识转化为实践行动的执行力。这种理论与实践紧密结合的创新训练,有助于培养大学生的创新精神与实践能力,使他们成为能够应对复杂生态问题、推动绿色发展的创新人才。

3. 国际视野拓展站:全球生态治理与绿色发展的前沿洞察

作为国际旅游岛和自由贸易港,海南在生态文化开放交流中吸收全球先进理念,为大学生提供了接触国际生态治理、绿色经济前沿的宝贵机会。通过参与国际生态论坛、交流项目、合作研究等,大学生能够了解到全球生态问题的最新进展、各国的绿色发展战略与创新实践,拓宽国际视野,培养全球思维。同时,与国际学者、业界专家的交流互动,有助于提升大学生的跨文化交流能力,增强国际竞争力。这种全球视野的培养,不仅使大学生能够站在更高的角度审视和思考生态问题,更有助于他们在未来参与全球生态治理、推动绿色发展时,具备国际视野与全球思维,成为具有国际竞争力的创新型人才。

海南生态文化以其丰富的创新实践、跨学科知识应用训练与国际视野拓展,为大学生提供了一个全方位、多层次的创新能力磨砺场。在这里,大学生能够通过学习和研究创新实践,提升跨学科知识应用能力、创新思维与实践能力,开阔国际视野,培养全球思维,为成长为具有国际竞争力的创新型人才打下坚实基础。

四、全球视野的开阔窗

海南生态文化的全球性特质,使其成为拓宽大学生全球视野、提升国际交往能力的关键通道。海南在积极参与全球生态治理、紧密合作国际环保组织、主办国际生态论坛等一系列活动中,为大学生提供了直接接触全球生态议题、了解各国生态文化与环保实践的宝贵机会,有效塑造其全球视野与跨文化交流能力。

1. 全球生态治理的参与者

海南作为全球生态治理的重要一员,积极参与各类国际生态议题的讨论与合作,如生物多样性保护、气候变化应对、海洋生态保护等。通过与国际环保组织的深度合作,大学生能够及时跟进全球生态治理的最新动态,了解国际生态公约、标准与政策,熟悉国际生态治理的规则与机制。参与或观摩海南承办的国际生态论坛等活动,大学生有机会与国际生态专家、学者、政策制定者面对面交流,聆听他们的见解与建议,深入探讨全球生态问题的根源与解决方案,从而拓宽国际视野,提升对全球生态问题的整体认知与分析能力。

2. 国际生态文化的交汇点

海南生态文化是全球生态文化的重要组成部分,其独特的热带岛屿生态特征、丰富的生物多样性、悠久的生态传统与创新实践,吸引了世界各地人们的关注与学习。大学生通过研究海南生态文化,可以深入了解不同生态系统的运行机制、生物多样性保护的成功案例、生态与社会经济的协同发展模式等,对比分析各国在生态文化与环保实践上的异同,从而丰富对全球生态文化的认知,培养跨文化交流能力。

3. 国际交往的实践平台

海南生态旅游业的繁荣发展,吸引了大量国际游客前来观光、学习与交流。大学生在参与生态旅游服务、接待国际游客的过程中,有机会直接与来自世界各地的人们沟通交流,了解他们的文化背景、生态观念与环保行动,增进跨文化理解与友谊。同时,通过组织或参与国际生态研学、文化交流等活动,大学生能够进一步提升语言能力、交际技巧与团队协作能力,为成长为具有全球视野、善于跨文化交流的国际化人才奠定坚实基础。

海南生态文化以其独特的全球性特征,为大学生提供了开阔全球视野、提升国际交往能力的重要窗口。通过参与全球生态治理、了解国际生态文化、实践国际交往,大学生能够在生态教育、绿色发展价值观塑造、创新能力磨砺的基础上,进一步拓展全球视野,提升跨文化交流能力,成长为具备生态素养、社会责任感、创新精神与全球视野的高素质人才。这对于推动海南乃至全国的生态文明建设,提升国际生态合作与交流水平,具有重要而深远的意义。

第三节 海南生态文化融入海南高校立德树人
工作的实践探索

海南作为国家生态文明试验区与热带岛屿省份,拥有独特的生态资源与文化底蕴。将生态文化融入高校立德树人体系,既是推动绿色发展理念落地的需要,也是培养具有生态文明素养的高素质人才的关键路径。近年来,海南高校深入贯彻习近平生态文明思想,将生态文化深度融入立德树人全过程,通过课程建设、实践创新、科普教育等多维度探索,形成了具有海南特色的生态育人模式,为培养生态文明建设的时代新人提供了重要支撑。

一、课程思政与专业教育融合:构建生态文化育人课程体系

1. 思政课程专题化教学改革

海南高校将生态文化纳入"思想道德与法治""中国近现代史纲要"等思政课程,开发"生态文明与海南自贸港建设""热带雨林国家公园的生态价值"等专题模块。海南大学马克思主义学院在"海南地方史"课程中设置"生态保护与黎族传统智慧"章节,系统讲解黎族生态观与热带雨林保护的关系。琼台师范学院在"中华民族共同体概论"课程中,结合"绿水青山就是金山银山"理念,设计"生态认同与可持续发展"案例教学。

2. 专业课程文化元素渗透

各高校注重将生态文化融入专业教育。海南大学环境科学专业在"生态工程学"课程中开设"珊瑚礁修复"专题,组织学生参与三亚珊瑚保育实践;美术学院开展"热带雨林主题绘画"工作坊,学生通过艺术创作展现生态之美。海南师范大学生物科学专业将"生物多样性保护"纳入教学,分析海南长臂猿保护案例。三亚学院旅游管理专业开发"生态旅游规划"课程模块,探讨热带雨林国家公园的可持续开发。

3. 校本课程特色化开发

海南高校积极开发生态文化校本课程。海南师范大学开设"生态文明概论"通识选修课,系统讲授海南生态资源与保护实践。琼台师范学院编写《生态伦理与师德修养》校本教材,梳理生态教育对师德建设的启示。海南热带海洋学院联合省生态环境厅推出"海洋生态保护"慕课,累计选课学生达 1.5 万人次。

二、实践平台建设:打造生态文化育人创新载体

1. 研学基地共建共享

海南高校与地方政府、科研机构合作共建生态文化研学基地。海南大学与三亚珊瑚保育站共建"海洋生态修复研学基地",组织学生开展珊瑚移植、水质监测等实践活动,年均参与学生 500 余人次。海南师范大学与霸王岭国家级自然保护区签订协议,联合开发"热带雨林生态研学路线",累计接待学生 3000 余人次。

2. 志愿服务项目化运作

各高校将生态文化融入志愿服务体系。海南大学组建"珊瑚卫士"志愿服务队,连续 8 年开展珊瑚礁修复,累计志愿服务时长超 8900 小时。琼台师范学院将生态教育纳入师范生实践,组织学生在支教中开展"环保主题班会",覆盖全省 18 个市县。三亚学院设立"生态文化传承创新"项目,支持学生开发热带雨林文创产品,相关成果获海南省"挑战杯"竞赛银奖。

3. 科研项目与学科竞赛

海南高校依托科研项目培养学生生态素养。海南师范大学"生态环境安全风险防控研究团队"指导学生开展长臂猿栖息地监测,相关成果发表于《生态学报》。海南大学"蓝探"团队研发海洋生态监测设备,获中国国际大学生创新大赛金奖。琼台师范学院学生在"全国大学生生态环境创新实践大赛"中获一等奖 2 项,二等奖 3 项。

三、校园文化浸润:营造生态文化育人浓厚氛围

1. 主题教育活动常态化

各高校以"生态文化月""地球日"等为契机,开展形式多样的主题活动。海南大学连续三年举办"热带雨林保护论坛",通过专家讲座、摄影展等形式普及生态知识。2024 年 4 月,该校组织"六水共治"宣传活动,覆盖师生 3000 余人次。琼台师范学院每年组织"生态宣讲团",深入社区开展环保教育,覆盖受众5000 余人次。

2. 文化品牌项目创新

海南高校注重打造生态文化品牌。海南师范大学"榕树科普"团队开展"海龟保护"公益活动,累计救助康复海龟300余只,相关事迹获央视报道。三亚学院举办"生态艺术季",通过黎族歌舞、生态装置艺术等形式呈现自然之美。琼台师范学院将生态文化融入"三月三"节庆,组织"黎锦与生态"主题展,促进文化交融。

3. 网络文化空间拓展

各高校利用新媒体平台扩大生态文化传播力。海南大学图书馆创建"生态文化数字资源库",收录文献资料2000余篇、影像资料600余小时。海南省生态环境厅微信公众号开设"生态故事"专栏,推送海南生态保护案例,累计阅读量突破10万次。琼台师范学院开发"热带雨林虚拟展厅",运用VR技术还原雨林场景,学生可沉浸式体验生态之美。

四、师资队伍建设与协同机制创新

1. 教师研修与学术研究

海南高校通过专题培训、学术研讨提升教师生态素养。海南省生态环境厅连续三年举办"生态文化骨干教师研修班",邀请国内外专家授课。海南师范大学组织教师赴云南、福建等地考察生态教育模式,深化理解。琼台师范学院将生态文化纳入新教师岗前培训,要求教师掌握海南生态资源核心内容。

2. 跨学科研究平台支撑

各高校依托研究机构深化生态文化研究。海南师范大学"海南省生态文明研究中心"设立"热带岛屿生态保护"专项课题,资助项目20项。琼台师范学院成立"生态教育研究中心",出版《海南生态文化传承》等专著4部。海南大学与省林科院共建"生态文化数字化研究基地",开发生态知识图谱。

3. 校地协同育人机制

海南高校与地方政府、企业建立协同机制。海南大学与海口市林业局共建"生态修复示范基地",开展湿地保护项目。琼台师范学院与文昌市合作,建立"生态振兴实践基地",组织学生参与乡村生态规划。海南师范大学与世界自然基金会(WWF)合作,开展"长臂猿保护"国际项目,培养学生国际视野。

五、实践成效与未来展望

1. 育人成效显著

通过多年实践,海南高校在生态文化育人方面取得显著成效。据统计,海南师范大学参与生态活动的学生中,92% 认为增强了生态意识,85% 表示深化了对自贸港生态战略的理解。琼台师范学院调查显示,接受生态教育的师范生中,89% 在教学实习中主动融入生态元素。相关成果获教育部"高校思想政治工作精品项目"等荣誉。

2. 社会影响扩大

海南高校的实践探索得到社会广泛认可。2024 年 12 月,《光明日报》专题报道海南师范大学生态育人经验。海南省生态环境厅与联合国环境规划署合作出版生态文化专刊,向国际社会传播海南经验。

3. 未来发展方向

数字化转型:建设生态文化虚拟现实实验室,开发 AR/VR 沉浸式教学场景,如海南师范大学计划投资 1000 万元建设"热带雨林数字展厅"。

国际交流:打造"一带一路"生态文化研究中心,与东南亚高校开展联合培养项目。

校地协同:与地方政府共建生态文化传承创新示范区,如琼台师范学院与三亚市共建"生态教育产业园"。

品牌提升:培育"生态文化节""热带雨林论坛"等特色品牌,计划每年举办国际学术会议。

学科建设:加强生态文化学科建设,海南大学拟新增生态文化研究硕士点,培养高层次人才。

海南高校将继续以习近平生态文明思想为指导,深入挖掘本土生态文化资源,创新育人模式,为海南自贸港建设培养具有生态素养、家国情怀的时代新人,为美丽中国建设贡献海南智慧。

第四节　海南生态文化融入海南高校立德树人工作路径优化设计

基于海南高校现有实践基础与成效,结合自贸港建设对人才培养的新要求,需从顶层设计、课程体系、实践平台、师资建设、评价机制五大维度进行系统化路径优化,构建"五维协同"育人新格局,形成可复制推广的海南范式。

一、强化顶层设计:构建"生态＋思政"育人战略体系

(一)实施主体

海南省教育厅牵头,联合省生态环境厅、高校工委成立专项工作组。

(二)具体举措

1.制定《海南高校生态文化育人四年行动计划》

(1)明确 2025—2029 年发展目标:建设若干所省级生态文化育人示范高校,开发若干门省级精品课程,培育若干个生态实践品牌项目。

(2)推动建立高校生态育人考核指标体系,纳入高校思政工作质量评估体系(海南师范大学试点推行)。

2.建立"双循环"协同机制

(1)内部循环:推动各高校成立生态文化研究院,统筹教学、科研、实践资源。

(2)外部循环:深化与热带雨林国家公园管理局、三沙市海洋研究所等单位战略合作。

3.设立专项发展基金

省级财政每年安排足额、到位的资金支持生态育人项目,重点投向课程开发、基地建设、国际交流等领域。

二、深化课程改革:打造"三层次四融合"课程体系

(一)实施主体

各高校教务处联合马克思主义学院、生态环境相关院系。

(二)优化路径

1.构建分层递进课程结构

课程层级	覆盖群体	典型课程	实施主体
通识必修	全体学生	生态文明与自贸港建设	海南大学等高校
专业融合	相关专业	旅游生态学 绿色金融实务	下辖旅游学院各高校
特色选修	兴趣群体	黎族生态智慧 珊瑚礁修复技术	海南热带海洋学院等高校

2.推进"四维融合"教学创新

(1)学科融合:组建跨学科教学团队,如生态+教育+艺术团队。

(2)虚实融合:建设虚拟仿真实验室,如"红树林生态 VR 实验室"。

(3)校地融合:开发在地化案例库,收集若干个海南生态保护典型案例。

(4)中外融合:引进"联合国可持续发展目标(SDGs)实践"等国际课程。

三、升级实践平台:构建"三型四化"实践育人矩阵

(一)实施主体

各高校团委联合科研处、地方生态管理部门。

(二)优化方案

1.打造三类实践基地

(1)科研型:升级海南热带海洋学院、海南大学等珊瑚礁修复基地为国家级大学生科创平台。

(2)服务型:建设若干个乡村生态振兴工作站(琼中、五指山等市县布点)。

(3)体验型:开发环岛生态研学路线(东线海洋生态、中线雨林生态、西线湿地生态)。

2.实施"四化"提升工程

维度	建设内容	量化目标
项目化	设立"海南生态+"双创项目库	年均立项 100 项
国际化	举办亚太青年生态论坛	吸引 20 国及以上参与
数字化	建设生态大数据共享平台	整合 10 类生态数据库
品牌化	培育"雨林守护者"等若干个全国知名品牌	获省级以上奖项 10 项

四、建强师资队伍:实施"三维赋能"提升计划

(一)实施主体

省教师发展中心牵头,联合各高校教师工作部。

(二)培养体系

1. 专业赋能

(1)推动建立省级生态教育师资培训基地(可由海南师范大学承建)。

(2)实施"双师型"教师培养计划,4年内认证100名生态教育导师。

2. 实践赋能

(1)推行教师生态实践学分制(年均参与田野调查≥10天)。

(2)探索建立高校—保护区人才互聘机制(互派若干名教师/护林员)。

3. 国际赋能

(1)探索开展中新(新加坡)生态教育联合培训项目。

(2)支持教师参与UNESCO生态伦理研究项目(年均10人次)。

五、创新评价机制:建立"双螺旋"质量保障体系

(一)实施主体

省教育评估院主导,各高校质量监控中心配合。

(二)机制设计

1. 过程性评价

(1)积极开发"生态素养成长档案"数字系统(可由海南大学试点)。

(2)探索实施"生态实践护照"认证制度,累计完成100小时实践可获省级认证。

2. 结果性评价

评价维度	考核指标	数据来源
知识掌握	生态通识课合格率	教务系统
行为养成	绿色生活践行度	校园一卡通数据
能力提升	生态项目参与率	第二课堂系统
价值塑造	生态价值观认同度	年度问卷调查

3. 动态反馈机制

(1)探索建立"评价—反馈—改进"闭环系统,每学期发布《生态育人质量蓝皮书》。

(2)将评价结果与资源配置挂钩,如优秀单位增加一定比例的项目经费。

六、实施保障

1. 制度保障:推动出台《海南自由贸易港生态文化育人条例》。

2.经费保障:建立政府、高校、社会多元投入机制。

3.技术保障:开发"雨林云"智慧教育平台,集成 AI 教学助手、虚拟实训等功能。

有理由相信,通过以上系统化路径优化设计,海南将打造全国首个省级生态文化育人示范区,为新时代高校落实立德树人根本任务提供海南方案,贡献热带岛屿生态文明教育的中国智慧。

第八章　海南航天文化与海南高校立德树人工作

第一节　海南航天文化概述

海南航天文化作为一种新兴的地域文化形态,是在海南地区航天事业蓬勃发展背景下,融合航天科技、航天精神、地方特色与公众参与等多元要素形成的独特文化现象。它既体现了中国航天事业的科技进步与国家发展战略,又彰显了海南作为我国航天事业重要基地的区域特色与文化内涵。海南航天文化不仅仅是一系列航天科技活动的集合,它更是一种精神象征,代表着探索未知、勇于创新、追求卓越的价值追求。这种文化源于中国航天事业的辉煌成就,特别是海南文昌发射场的成功建设和运营,使得海南成为中国航天事业的重要基地。本节将海南从航天文化的历史脉络、核心内容及社会价值三个方面,对海南航天文化进行概述。

一、历史脉络:从无到有的崛起历程

海南航天文化的形成与发展,是一段从无到有、从零起步的壮丽崛起历程,它与中国航天事业的战略布局、海南航天基地的建设密不可分,是海南从传统海洋大省迈向航天大省的历史见证。

1. 起步:国家战略的萌芽

1958 年,中国政府计划在海南岛东部的文昌市选址,着手建立海南卫星发射场。这一决策不仅标志着海南与航天事业的初次结缘,更预示着中国航天事业战略布局向南延伸的雄心壮志。海南卫星发射场的筹建,不仅填补了我国南方地区航天发射设施的空白,也为后续海南航天文化的孕育提供了最初的历史土壤。尽管由于种种原因,该项目在当时未能完全实施,但它作为海南航天事业的先声,为后来海南航天基地的建设埋下了伏笔。

2. 转折:国家战略的重启与落地

进入 21 世纪,随着中国航天事业的飞速发展与国家对海南战略地位的重新审视,海南航天基地建设再次提上日程。2009年,国务院正式批准在海南文昌建设新一代运载火箭发射场。这一决定,标志着海南航天事业进入全新的发展阶段,也开启了海南航天文化孕育与成长的历史新篇章。

自那时起,文昌航天发射场的建设如火如荼,各项配套设施不断完善。2016年,文昌航天发射场首次启用,成功执行了长征七号运载火箭发射任务。此后,天舟一号、长征五号、天问一号等相继在此成功发射,海南成为我国深空探测、空间站建设等重大航天任务的首选发射地。这些具有里程碑意义的航天事件,不仅书写了中国航天事业的新篇章,也铸就了海南航天文化的坚实基石。

3. 崛起:航天大省的华丽转身

随着文昌航天发射场的建成与投入使用,海南的航天产业迅速发展,航天科技、航天教育、航天旅游等关联业态蓬勃兴起,形成了以航天为核心、多领域融合发展的新格局。海南航天基地不仅成为我国航天科技自主创新的重要基地,更成为普及航天知识、弘扬航天精神、推动国际航天合作的重要窗口。与此同时,海南的航天科普教育、航天主题旅游、航天文化创意产业等方兴未艾,极大地丰富了海南航天文化的内涵与外延。

这一历程,见证了海南从传统海洋大省向航天大省的华丽转身。海南航天文化作为这一转型过程中的重要文化现象,承载了海南人民对航天事业的热忱与期待,凝聚了海南在航天领域取得的辉煌成就,更寄托了海南在航天科技引领下实现高质量发展的美好愿景。如今,海南航天文化已深深烙印在海南的社会生活、产业发展、城市形象之中,成为海南一张亮丽的文化名片,为海南经济社会发展注入了强大的精神动力与文化支撑。

海南航天文化的历史脉络,是一部从无到有、从弱到强、从起步到崛起的壮丽诗篇。它始于国家战略的萌芽,经由国家战略的重启与落地,最终成就了海南从传统海洋大省向航天大省的华丽转身,为海南航天文化的形成与发展奠定了坚实基础。未来,随着海南航天事业的持续发展与海南航天文化的不断繁荣,海南必将在航天强国的征程中扮演更加重要的角色,为中华民族伟大复兴贡献海南力量。

二、核心内容:科技、精神与地方特色的交融

海南航天文化的内涵丰富多元,其核心内容主要体现在航天科技元素、航天精神传承以及地方特色融入三个方面,形成了科技、精神与地方特色的深度交融,赋予了海南航天文化独特的魅力与价值。

1.航天科技元素:高深知识的普及化与趣味化

海南航天文化的首要特征在于其深厚的科技内涵。它囊括了航天器设计制造、发射技术、测控通信、空间科学等众多高科技领域,集中展现了中国航天科技的最新成果与国际先进水平。这一科技元素不仅是海南航天文化的基石,也是其吸引公众关注、激发公众兴趣的关键所在。

通过科普教育、展览展示、科研合作等方式,海南航天文化将原本高深复杂的航天科技知识转化为易于理解、富有吸引力的内容,实现了知识的普及化与趣味化。例如,航天科普教育基地通过模拟实验、互动体验、虚拟现实等方式,使公众能直观感受航天科技的魅力,理解火箭发射原理、卫星运行轨道等专业知识;航天主题展览通过实物模型、图文展板、多媒体演示等手段,全方位展示航天科技成果,让公众近距离接触航天器实物,了解航天科技的前沿进展;科研合作则为学生、科研人员提供了与航天专家交流、参与科研项目的机会,进一步提升公众对航天科技的深度认知与参与感。

2.航天精神传承:民族复兴的强大精神动力

海南航天文化弘扬了中国航天人"自力更生、艰苦奋斗、大力协同、无私奉献、严谨务实、勇于攀登"的航天精神。这种精神源于中国航天事业的初创岁月,历经半个多世纪的积淀,已成为激励国人追求科技进步、实现民族复兴的强大精神动力。

海南航天基地的建设与运行,以及每一次航天任务的成功,都是对航天精神的生动诠释与实践。基地建设过程中,航天人克服自然环境恶劣、技术难题重重等困难,展现出自力更生、艰苦奋斗的坚韧精神;航天任务执行中,各部门、各环节紧密配合,高效协作,体现了大力协同、无私奉献的团队精神;从火箭设计、制造、测试到发射、测控、回收的全过程,航天人秉持严谨务实、勇于攀登的工作态度,确保任务圆满成功。

海南航天文化通过各种形式,如航天精神主题讲座、航天功勋人物事迹展览、航天精神进校园等活动,将航天精神传递给公众,尤其是青少年,培养他们热爱科学、追求真理、敢于创新、勇于担当的精神品质,为国家的科技进步与民族复兴注入源源不断的动力。

　　3.地方特色融入:独特资源与文化的赋能

　　海南航天文化还深度融合了海南的地方特色,使得航天文化在海南这片土地上更具地域特色与文化魅力。

　　一方面,海南独特的地理位置、气候条件与生态环境为航天事业发展提供了优越条件。低纬度、靠近赤道的地理优势使得火箭发射效率更高,节省燃料,提高有效载荷。热带风光与滨海资源为航天科普、文化旅游增添了独特魅力,如在美丽的海滩边观看火箭发射,将科技体验与自然风光完美结合,带给公众独一无二的航天旅游体验。

　　另一方面,海南本土文化如黎苗文化、海洋文化等与航天文化的交融,形成了具有海南特色的航天文化景观与活动。如航天主题公园将航天元素与海南风情融为一体,打造出集科普、观光、娱乐于一体的综合性文化空间。航天科普研学活动结合海南丰富的自然与人文资源,设计出寓教于乐的研学路线,让学生在亲近自然、了解本土文化的同时,学习航天知识,培养科学精神。航天主题文化节则通过举办航天主题晚会、航天艺术展览、航天知识竞赛等活动,将航天文化与海南地方艺术、民俗文化相结合,丰富了航天文化的艺术表达,增强了航天文化的感染力与传播力。

　　海南航天文化以航天科技元素为基石,以航天精神传承为灵魂,以地方特色融入为特色,实现了科技、精神与地方特色的深度交融,形成了独具魅力与价值的文化现象。这种文化不仅为公众提供了了解航天科技、感悟航天精神的平台,也为海南地方文化注入了新的活力,对于提升公众科学素养、弘扬民族精神、推动地方经济社会发展具有重要意义。

　　三、社会价值:科技兴国、科普教育、区域发展与国际交流的多重效应

　　海南航天文化作为海南地区特色文化的重要组成部分,其社会价值体现在多个层面,对科技兴国、科普教育、区域发展与国际交流等方面产生深远影响。

　　1.科技兴国的象征

　　海南航天文化是中国航天事业辉煌成就的生动缩影,其科技含量高、创新性强的特点,有力彰显了我国在航天科技领域的领先地位,对于增强国家科技自信、激发国民科技创新热情具有重要意义。海南航天基地的成功建设和运营,以及长征五号、长征七号等新型火箭的成功发射,是我国航天科技自主创新能力和综合国力提升的有力证明,极大地提振了国民对我国科技发展的信心。同时,海南航天文化以其前沿科技的展示和传播,激发了广大青少年对科技探索的热情,为培养未来的科技创新人才提供了良好的文化氛围和精神动力,对于推动创新型国家建设起到了积极的促进作用。

2. 科普教育的载体

海南航天文化以其丰富的科技内涵和生动的表现形式,成为提升公众科学素养、培养青少年科技兴趣的重要平台。通过举办航天科普展览、开展航天科普讲座、组织航天科普研学活动等,海南航天文化将高深的航天科技知识以通俗易懂的方式普及给公众,尤其是青少年群体,让他们在轻松愉快的氛围中了解航天科技原理、感受航天科技魅力,激发他们对科学知识的热爱和探索欲望,对于提高全社会的科学素养、培养科技创新后备力量具有重要作用。此外,海南航天文化还通过弘扬航天精神,倡导科学精神、创新精神、团队精神、奉献精神,对塑造公民科学精神、提升公民道德素质产生深远影响。

3. 区域发展的引擎

海南航天文化的发展,对推动海南区域经济结构调整和高质量发展起到了重要引擎作用。海南航天基地的建设和运营,带动了海南高新技术产业、旅游业等相关产业的升级和发展。航天产业的集聚效应吸引了大量高新技术企业和人才落户海南,推动了海南高新技术产业的快速发展,为海南经济转型升级提供了强大的动力。同时,海南航天文化与旅游业的深度融合,形成了独特的航天旅游产品,如航天主题公园、火箭发射观景、航天科普研学等,吸引了大量游客前来参观体验,带动了海南旅游业的发展,为海南经济带来了新的增长点。此外,航天产业的发展还带动了相关服务业、制造业、物流业等产业的发展,促进了海南经济结构的优化和产业链的完善,对于推动海南经济社会全面发展具有重要作用。

4. 国际交流的桥梁

海南航天文化以其国际化的视野和开放的姿态,成为海南开展国际科技合作、文化交流的重要窗口和平台。海南航天基地的成功建设和运营,吸引了全球航天界的广泛关注,为海南与世界各国在航天科技领域的交流与合作提供了新的契机。通过举办国际航天会议、开展国际航天合作项目、接待外国航天代表团来访等,海南航天文化为海南打开了对外交流的新通道,增强了海南在国际航天领域的影响力和话语权。同时,海南航天文化还通过举办国际航天文化节、开展国际航天科普活动等,促进了海南与世界各国在文化、教育、旅游等领域的交流与合作,提升了海南的国际知名度和影响力,对于推动海南融入全球化的进程、提升国家文化软实力具有重要意义。

海南航天文化作为海南地区特色文化的新名片,以其深厚的科技底蕴、鲜明的精神内涵、丰富的地方特色与多元的表现形式,不仅展示了中国航天事业的辉煌成就,也对提升公众科学素养、推动区域发展、促进国际交流等方面发挥了重要作用。在未来,随着海南航天事业的持续发展,海南航天文化有望进一步丰富与深化,成为海南乃至全国文化软实力的重要组成部分,为推动我国科技兴国、科普教育、区域发展与国际交流做出更大贡献。

第二节　海南航天文化的育人价值

海南航天文化作为海南地区特色文化的重要组成部分,不仅承载着中国航天事业的辉煌成就,更蕴含着丰富的育人价值。它以其独特的科技魅力、崇高的精神内涵、深厚的地域特色以及广泛的国际影响,为培养具有科学素养、创新精神、家国情怀和社会责任感的高素质人才提供了宝贵的教育资源。本节将从科学教育、精神塑造、地方认同与国际视野四个方面,深入探讨海南航天文化的育人价值。

一、科学教育:启迪科学思维,提升科学素养

海南航天文化以其深厚的科技底蕴,为科学教育提供了丰富而生动的素材,为培养学生的科学素养、启迪科学思维提供了独特的教育场域。海南航天文化在科学教育方面的价值,主要体现在接触前沿成果、深入理解科技原理、激发科学兴趣、培养科学思维等几个方面。

1.直接接触前沿成果,感受科技魅力

海南航天文化以其独特的地理位置和资源优势,为学生提供了直接接触航天科技前沿成果的宝贵机会。参观航天发射场,学生可以观看火箭发射的壮观场面,聆听火箭升空的震撼声音,亲身感受科技力量带来的震撼与感动。参与航天科普活动,如航天知识讲座、航天科技展览、航天模拟体验等,学生可以深入了解航天器的设计原理、制造工艺、发射流程、测控通信技术等专业知识,直观感受航天科技的先进性与复杂性。这些直接的接触与体验,使学生对航天科技有了更直观、更深入的认识,有助于激发他们对科学的敬畏之心和探究之欲。

2. 深入理解科技原理,提升科学素养

海南航天文化为学生提供了深入理解航天科技原理的平台。通过学习航天科技知识,学生可以从理论层面深入理解航天器设计制造、发射技术、测控通信、空间科学等领域的基本原理和应用实践。例如,学习火箭发射原理,学生可以了解到火箭是如何通过反作用力原理实现升空的;学习测控通信技术,学生可以了解到如何通过地面站与太空中的航天器进行实时通信,确保航天任务的顺利进行。这些深入的学习,不仅使学生掌握了航天科技的基本知识,更重要的是培养了他们科学的思维方式和解决问题的能力,提升了他们的科学素养。

3. 激发科学兴趣,培养科学精神

海南航天文化以其独特的科技魅力,能够激发学生对科学的浓厚兴趣,培养他们的科学精神。通过参观航天发射场、参与航天科普活动、学习航天科技知识,学生可以感受到航天科技的严谨性、复杂性、创新性,认识到科学研究的严谨逻辑、精密计算、精准控制以及创新思维的重要性。这种对科学精神的体验和理解,能够激发学生对科学的热爱,培养他们对科学的执着追求和创新精神,为他们未来从事科学研究或应用科学知识解决实际问题打下坚实的基础。

4. 培养科学思维,提升科学素养

海南航天文化在科学教育方面的价值还体现在培养学生的科学思维方面。航天科技的严谨性、复杂性、创新性,要求学生具备严谨治学的态度、系统分析问题的能力、创新解决问题的方法。在学习航天科技的过程中,学生需要运用科学的思维方式,对复杂的技术问题进行深入思考和分析,提出解决方案。这种科学思维的训练,能够提升学生的科学素养,使他们具备独立思考、批判性思维、创新性思维等科学素养,为他们未来从事科学研究或应用科学知识解决实际问题打下坚实的基础。

海南航天文化以其深厚的科技底蕴,为科学教育提供了丰富而生动的素材,为培养学生的科学素养、启迪科学思维提供了独特的教育场域。通过直接接触前沿成果、深入理解科技原理、激发科学兴趣、培养科学思维,海南航天文化在科学教育方面发挥了重要作用,为培养具有科学素养、创新精神的新时代人才做出了重要贡献。

二、精神塑造:弘扬航天精神,培养时代新人

海南航天文化弘扬的"自力更生、艰苦奋斗、大力协同、无私奉献、严谨务实、勇于攀登"的航天精神,是对中华优秀传统文化和社会主义核心价值观的生动诠释。这种精神不仅激励了一代代航天人攻坚克难、勇攀高峰,也对当代青年学生具有重要的教育意义。

通过学习航天历史、了解航天人物事迹、参与航天主题活动,学生能够深刻理解航天精神的内涵,感受航天人对国家的忠诚、对科学的执着、与团队的协作、对事业的奉献。这种精神熏陶有助于培养学生爱国情怀、责任意识、团队精神、敬业精神和创新精神,使其成为具有家国情怀、社会责任感和创新精神的时代新人。

首先,航天精神中的"自力更生、艰苦奋斗"精神,教育学生要具备独立自主、自强不息的精神风貌,面对困难和挑战要有坚韧不拔、永不放弃的毅力。通过学习航天历史,学生可以了解到我国航天事业起步晚、基础薄弱,但航天人凭借自力更生、艰苦奋斗的精神,成功研制出了自己的火箭、卫星,实现了从无到有、从小到大的历史性跨越。这种精神教育学生在学习和生活中要独立思考、自主学习,不怕困难、敢于挑战,为实现个人理想和国家富强的目标而奋斗。

其次,航天精神中的"大力协同、无私奉献"精神,教育学生要有团队合作、无私奉献的精神。航天事业是一项系统工程,需要各方面的协同配合,航天人之间必须相互信任、密切协作,才能完成复杂的航天任务。同时,航天人为了国家航天事业的发展,常常舍小家为大家,默默奉献,甚至付出生命的代价。这种精神教育学生在学习和生活中要懂得团队合作、互相帮助,要有为集体利益、国家利益牺牲个人利益的奉献精神。

再次,航天精神中的"严谨务实、勇于攀登"精神,教育学生要有严谨的科学态度、务实的工作作风和勇于创新的精神。航天事业是一项高科技、高风险的事业,每一个细节都关乎成败,航天人必须严谨细致、一丝不苟。同时,航天事业的发展离不开创新,航天人必须敢于挑战未知、勇于攀登科技高峰。这种精神教育学生在学习和生活中要严谨治学、实事求是,要有创新意识、勇于探索,为实现科技强国的目标而努力。

海南航天文化弘扬的航天精神,对于培养具有家国情怀、社会责任感和创新精神的时代新人具有重要的教育意义。通过学习航天历史、了解航天人物事迹、参与航天主题活动,学生能够深刻理解航天精神的内涵,感受航天人对国家的忠诚、对科学的执着、与团队的协作、对事业的奉献,从而培养出具有爱国情怀、责任意识、团队精神、敬业精神和创新精神的时代新人。

三、地方认同:挖掘地域特色,增强文化自信

海南航天文化与海南地域特色紧密融合,形成了独具特色的航天文化景观与活动,成为连接学生与家乡、增强文化自信的重要纽带。以下从挖掘地域特色、增强文化认同、激发建设热情三个方面,阐述海南航天文化在地方认同教育中的重要作用。

1. 挖掘地域特色,展现海南航天风采

海南航天文化充分挖掘了海南的地域特色,将航天科技与海南的自然风光、民俗文化、地方特色紧密结合,形成了独具特色的航天文化景观与活动。如航天主题公园、航天科普研学、航天文化节等,不仅展示了海南作为航天大省的科技实力,也展现了海南独特的自然风光与人文风情,使学生在体验航天科技魅力的同时,深入了解海南的历史文化、风土人情,增强对家乡的认同感和归属感。

2. 提升文化认同,增强文化自信

通过参与航天文化活动,学生能够直观感受到海南作为航天大省的独特地位和重要贡献,从而增强对家乡的自豪感和自信心。这种文化认同的提升,不仅有助于学生树立正确的世界观、人生观、价值观,也有利于培养学生的家国情怀和社会责任感。同时,航天文化对海南经济社会发展的推动作用,也让学生看到了科技创新对地方发展的重要意义,进一步激发他们为家乡建设、为国家发展贡献力量的决心和信心。

3.激发建设热情,培养创新人才

海南航天文化为学生提供了参与航天科技活动的机会,如参与航天科普研学、航天文化节等,使学生有机会亲身体验航天科技的魅力,激发对航天科技的兴趣和热爱。这种参与感和成就感,有助于激发学生的创新精神和实践能力,培养学生的创新思维和创新能力,为海南乃至全国的科技创新人才培养提供了有力支持。

海南航天文化通过挖掘地域特色、增强文化认同、激发建设热情,为培养具有科学素养、创新精神、家国情怀和社会责任感的高素质人才提供了宝贵的教育资源。

四、国际视野:拓展国际交流,提升全球竞争力

海南航天文化具有广泛的国际影响力,吸引了全球的关注与合作。海南文昌航天发射场作为我国深空探测、空间站建设等重大航天任务的启航之地,为海南乃至中国与世界其他国家在航天科技领域的交流与合作提供了重要平台。

通过参与国际航天会议、接待外国航天代表团、开展国际航天合作项目等,学生可以接触到国际先进的航天科技和理念,了解全球航天发展趋势,提升跨文化交流能力。同时,海南航天文化作为国际交流的桥梁,也使学生有机会参与到国际科技合作、文化交流的实践中,开阔视野,增强国际竞争力。

综上所述,海南航天文化以其独特的科技魅力、崇高的精神内涵、深厚的地域特色以及广泛的国际影响,为培养具有科学素养、创新精神、家国情怀和社会责任感的高素质人才提供了宝贵的教育资源。通过科学教育、精神塑造、地方认同与国际视野四个方面的育人价值,海南航天文化为学生的全面发展提供了重要支撑,为海南乃至全国的人才培养做出了积极贡献。

第三节　海南航天文化融入海南高校立德树人
工作的实践探索

海南作为中国唯一的滨海发射基地所在地,拥有独特的航天文化资源和战略区位优势。文昌航天发射场作为中国首个滨海发射基地,承载着商业航天发展的重要使命。近年来,海南高校深入贯彻习近平总书记关于航天强国建设的重要论述,积极响应国家航天强国战略,依托文昌国际航天城建设,探索将航天文化深度融入立德树人全过程,通过课程建设、实践创新、产教融合等多维度探索,形成了具有海南特色的航天育人模式,为培养航天事业后备人才和自贸港建设生力军提供了重要支撑。

一、航天文化融入高校育人体系的顶层设计

海南高校在推进航天文化育人过程中,注重加强顶层设计与制度保障。海南外国语职业学院联合北京交通运输职业学院、文昌国际航天城管理局等20余家单位,成立海南省首个航天应用技术产业学院暨航天应用人才培养共同体。该共同体由中国科学院院士梅宏、中国工程院院士向锦武等顶尖专家担任高级顾问,构建"航天 + 国际化 + 人工智能"复合型人才培养体系,聚焦航天旅游、应用技术、商务直播和语言服务四大产业群,通过制定《航天应用技术产业学院理事会章程》,建立校企双元育人机制,实现教育链与产业链的深度对接。

海南大学在"十四五"规划中明确提出"服务航天强国战略"的发展定位,将航天文化纳入"三全育人"综合改革试点项目。学校整合马克思主义学院、材料科学与工程学院等学科资源,开设"航天材料与工程伦理""太空探索与人类命运共同体"等跨学科课程,形成"通识教育 + 专业培养 + 实践创新"的立体化课程体系。2023 年,海南大学马克思主义学院牵头建设的"习近平海南足迹:春天的嘱托"教学资源库,专门设置"航天强国与海南担当"专题模块,年均覆盖学生 5000 余人次。

二、课程体系创新与教学模式改革

(一)构建"航天 +"特色课程群

海南外国语职业学院围绕航天产业链需求,开发"航天旅游服务实务""卫星遥感技术应用""航天商务英语"等12门核心课程,其中"航天科技概论"获评省级精品在线开放课程。课程设计突出"外语＋技术＋服务"特色,例如在"航天装备精密制造技术"课程中,要求学生用英语撰写技术方案,并模拟国际商务谈判场景。2024年,该校航天专业学生在全国大学生创新创业大赛中获金奖,其"航天设备智能运维系统"项目已实现企业对接。

海南师范大学结合师范教育特色,开发"航天科普教学法""航天科技史"等教师教育课程,培养师范生的航天素养。近三年来,该校师范生在"全国青少年航天创新大赛"中指导学生获国家级奖项23项,形成"大手拉小手"的航天科普教育生态。

(二)创新"三位一体"教学模式

海南高校普遍采用"理论教学＋虚拟仿真＋现场实践"的教学模式。例如,海南大学材料学院与文昌航天发射场共建"航天材料检测实验室",学生通过参与火箭发射塔架防腐材料研发项目,掌握材料工程的实际应用。海南外国语职业学院投资1200万元建设航天VR实训中心,模拟火箭发射控制、卫星测控等场景,年接待学生实训超8000人次。

在思政课教学中,各高校注重将航天精神融入价值引领。海南热带海洋学院在"环岛社会实践考察"中增设航天主题线路,组织学生参观文昌航天科普中心,开展"航天梦·青春梦"主题研讨。近五年累计有1.2万名学生参与该实践项目,形成调研报告300余篇,其中《航天文化对大学生科学精神培育的实证研究》获海南省教学成果一等奖。

三、实践育人平台建设与校企协同

(一)打造"政产学研用"五位一体实践基地

海南高校依托文昌国际航天城,共建实践教学基地47个。其中,海南外国语职业学院与海南文昌国际航天城投资开发有限责任公司共建"航天商务实践基地",学生参与航天产品跨境电商运营,2024年实现交易额突破2000万元。海南大学与中国航天科技集团联合设立"航天创新实验班",学生参与长征五号火箭发射保障任务,其撰写的《低纬度发射场气象保障优化方案》被采纳应用。

(二)深化校企双导师制人才培养

海南高校建立"高校教师＋航天工程师"双导师队伍,现有企业导师127

人。海南外国语职业学院聘请航天科技集团专家担任"航天系统工程"课程主讲,采用"项目导入+案例教学"模式,指导学生完成"文昌航天城智慧导览系统"。海南师范大学与文昌航天科普中心共建"航天科普教育基地",学生在工程师指导下设计制作航天展品15件,其中3件入选全国科普教育基地巡展。

四、文化浸润与价值引领成效

(一)航天精神融入校园文化建设

海南高校通过举办"航天文化节""院士大讲堂"等品牌活动,营造浓厚育人氛围。海南外国语职业学院每年9月举办"航天科技周",邀请航天英雄杨利伟等开展专题讲座,近三年累计吸引省内外高校学生3万余人次参与。海南大学将航天元素融入校园景观设计,建设"问天雕塑""航天长廊"等文化地标,成为师生开展思政教育的重要场所。

(二)航天文化育人成果显著

海南高校学生在航天领域创新创业成果丰硕。2024年,海南外国语职业学院学生团队在"挑战杯"全国竞赛中获金奖,其"航天主题沉浸式文旅项目"已落地文昌航天城。海南师范大学"星辰大海"科普团队连续三年获全国大学生志愿服务优秀项目,累计开展航天科普活动200余场,覆盖青少年5万余人。

据统计,近五年海南高校向航天领域输送毕业生1200余人,其中85%进入文昌国际航天城企业,参与火箭发射服务、卫星数据应用等核心产业。用人单位反馈显示,海南高校毕业生专业对口率达92%,创新能力满意度达95%。

五、挑战与对策建议

尽管海南高校在航天文化育人方面取得显著成效,但仍面临一些挑战:一是航天专业师资力量不足,具有行业背景的教师占比仅38%;二是跨学科课程融合度有待提升,现有课程中航天与外语、人工智能的交叉内容占比不足40%;三是实践教学条件仍需改善,部分实验室设备陈旧,难以满足商业航天发展需求。

针对这些问题,建议采取以下措施:

第一,实施"航天人才引进计划",重点引进具有航天科研院所工作经历的高层次人才,建立"航天专家工作站"。

第二,开发"航天+X"微专业课程包,鼓励学生跨学科选课,设立航天创新学分。

第三,加大实践教学投入,建设"商业航天发射服务虚拟仿真实训基地",与企业共建联合实验室。

第四,深化国际交流合作,与国外航天院校开展"2+2"联合培养项目,培养具有国际视野的航天人才。

多措并举,海南高校可为航天强国战略和海南自贸港封关运作提供智力支撑。

第四节　海南航天文化融入海南高校立德树人工作路径优化设计

在前述实践探索的基础上,为进一步深化海南航天文化育人成效,构建具有海南特色、航天特质、国际视野的立德树人体系,现从机制建设、课程体系、实践平台、师资队伍、评价体系五个维度提出优化路径,形成可操作、可复制、可持续的实施方案。

一、完善协同育人机制建设

(一)构建"政校企研"四位联动机制

1.成立省级航天文化育人领导小组

可由海南省教育厅牵头,联合文昌国际航天城管理局、航天科技集团、高校及科研院所,制定《海南航天文化育人五年行动计划》,明确各主体职责分工;建立季度联席会议制度,重点解决航天专业设置审批、校企人才互聘、实践基地共享等关键问题。

2.实施"双轨制"政策保障

(1)政府层面:可将航天文化育人成效纳入高校"双一流"建设考核指标,设立省级航天教育专项基金(首期预算充足、到位),重点支持航天虚拟仿真实验室、航天科普基地建设。

(2)企业层面:落实《海南省航天产业校企合作税收优惠办法》,对参与高校课程开发、实训指导的企业给予研发费用加计扣除比例提升至200%的政策激励。

（二）建立动态需求响应机制

依托海南航天产业大数据平台，实时监测航天产业链人才需求变化。每季度发布《海南航天人才需求蓝皮书》，指导高校动态调整专业方向。例如针对商业航天快速发展的趋势，在海南大学等高校增设"商业航天法律与风险管理"微专业，在海南外国语职业学院等高职院校开设"航天跨境电商运营"方向班。

二、构建模块化课程体系

（一）开发"基础+拓展+创新"三级课程模块

模块层级	课程类型	典型案例	实施主体
基础模块	通识必修课	航天精神与海南发展 航天科技伦理	海南大学等高校的马克思主义学院
拓展模块	专业选修课	航天旅游英语 低纬度发射气象学	海南外国语职业学院等高校
创新模块	项目制课程	长征八号火箭残骸回收方案设计	海南师范大学等高校和文昌发射场

（二）推进"航天+X"跨学科课程建设

1. 文科融合方向

推动开发"航天主题文创产品设计""航天国际传播实务"等课程，培养复合型人才。海南师范大学等高校艺术系可联合文昌航天城，指导学生完成"火箭发射光影秀"等实景演出项目。

2. 工科交叉方向

推动设立"航天材料与人工智能"交叉学科，海南大学材料学院及兄弟高校相关学院可联合中国科学院空间中心，开展航天器智能防腐涂层研发，申请国家发明专利。

（三）建设数字化课程资源库

大力投入建设"海南航天教育云平台"，集成以下资源：

1. 虚拟仿真实验项目：包括火箭总装 VR 实训、卫星测控 AR 教学等 23 个模块。

2. 精品课程资源：收录若干门国家级航天慕课，开发海南特色案例库（含文昌发射场建设纪实等）。

3.在线实践社区:搭建学生航天创新项目孵化平台,提供企业导师在线指导。

三、升级实践育人平台

(一)打造"一核三带"实践基地群

基地类型	功能定位	重点项目
核心基地	文昌发射场实训中心	火箭发射全流程模拟实训系统
产业带基地	航天科技园实践点	卫星数据应用开发实验室
文化带基地	航天主题公园	沉浸式航天文旅项目开发
生态带基地	航天育种示范基地	空间农业技术推广站

(二)深化产教融合2.0模式

1."教学工坊"实体化运作

探索在文昌国际航天城设立高校联合工作站,实行"学期分段、工学交替"培养模式。如海南外国语职业学院航天商务专业可探索实行"1.5＋1.5"学制,前3学期在校学习,后3学期在航天城企业轮岗实训。

2."揭榜挂帅"项目制培养

航天企业定期发布技术攻关需求清单(如"火箭燃料加注智能监控系统开发"),各高校团队竞标承接,推动项目实现成果转化,创造经济效益。

四、强化师资队伍建设

(一)实施"航天师资培育三大工程"

工程名称	具体措施	目标成效
青苗工程	选派青年教师赴文昌航天发射中心挂职	四年培养"双师型"教师100人
领航工程	聘请航天院士组建导师工作室	建设5个省级教学创新团队
融智工程	与莫斯科航天学院等共建教师研修基地	年培养国际化教师10人

(二)创新"三维度"教师评价体系

1.教学维度:将指导学生航天创新项目纳入理工科职称评审重要参考条件。

2.科研维度:航天横向课题按1.5倍折算科研工作量。

3.服务维度:参与航天科普活动计入年度考核指标。

五、构建多维评价体系

(一)建立"四维雷达图"评价模型

从"知识掌握""技能应用""精神内化""价值践行"四个维度,设置多项二级指标,采用 AI 大数据分析技术,通过课程表现、实践记录、心理测评等多源数据生成个性化成长画像。

(二)实施"双闭环"质量改进机制

1.内部闭环:建立学生成长档案数据库,每学期生成《航天素养发展诊断报告》。

2.外部闭环:委托第三方机构开展毕业生跟踪调查,重点评估"航天精神践行度""创新能力适配度"等指标。

六、实施保障

1.组织保障:各高校成立由党委书记牵头的专项工作组,将路径实施情况纳入校内巡察重点。

2.经费保障:形成"财政拨款+企业赞助+社会捐赠"多元投入机制,确保年均投入充足、到位。

有理由相信,通过系统化路径优化,海南将建成全国首个航天文化育人示范区,为新时代高校思想政治教育提供"海南方案",助力航天强国战略与海南自贸港建设同频共振。

第九章　海南南繁文化与海南高校立德树人工作

第一节　海南南繁文化概述

南繁文化是在海南岛特定地理和历史条件下形成的独特文化现象,其核心在于利用海南岛得天独厚的热带气候条件,开展农作物的繁育和科研工作,尤其是在农作物种子繁育方面具有显著的优势和特色。海南南繁文化是深深根植于中国海南岛,以南繁育种活动为核心,融汇科学技术、历史传承、民族精神、生态文明和地方经济社会发展于一体的独特文化现象。它既反映了海南在保障国家粮食安全、推动种业创新中的战略地位,也展现了海南热带地区丰富的生物多样性与独特的生态环境,以及海南人民与全国农业科技工作者在南繁事业中展现出的艰苦奋斗、创新进取、无私奉献的精神风貌。本节将从南繁文化的历史脉络、核心内涵、价值体现三个方面展开概述。

一、历史脉络:南繁育种的悠长历程与海南南繁文化的孕育生成

海南南繁文化的历史长卷,宛如一幅徐徐展开的瑰丽画卷,其故事始于20世纪50年代。彼时,我国北方冬季的严寒气候对农作物育种工作造成了严重困扰,漫长的育种周期严重阻碍了新品种的研发进程,成为制约我国农业科技创新与粮食安全保障的一大瓶颈。面对这一严峻挑战,具有前瞻视野与创新魄力的农业科研人员,凭借其深厚的学术素养与敏锐的洞察力,及时捕捉到了海南岛冬季所展现出的独特气候优势——温暖湿润、光照充足、无霜期长,为解决北方育种难题提供了理想的解决方案。于是,一场名为"南繁北育"的战略行动应运而生。科研人员如同遵循自然规律迁徙的候鸟,纷纷选择在冬季南下海南,将这片热带宝地视为科研的"第二故乡"。他们在这片"天然温室"中,精心开展农作物种子的冬季繁育工作,充分利用海南的气候条件,实现了一年多代的快速繁育,极大地压缩了新品种的选育周期,为我国农业科研开启了一条全新的高效路径。这一创举,标志着南繁育种事业的正式启动,也为日后海南南繁文化的孕育奠定了坚实基础。

自南繁育种开启以来,海南便迅速崛起为全国农业科研的重镇。每年冬春季节,成千上万的科研人员如潮水般涌向海南,来自全国各地的科研院所、高校、企业及农业管理部门的团队在此集结,形成了一支庞大的南繁科研大军。他们在海南的田间地头,夜以继日地进行农作物种子的加代繁育、新品系筛选、抗性鉴定、分子标记辅助选择、基因编辑等前沿科研活动。这些科研人员不仅是育种的先锋,也是南繁文化的创造者和传播者,他们以海南为舞台,共同书写了中国农业科技发展的壮丽篇章。

经过半个多世纪的风霜雨雪与科研人的执着坚守,南繁育种已从最初单一的科研活动,发展成为一个集科研、生产、服务、教育、旅游于一体的综合性农业生态系统。南繁不再仅仅关乎种子的繁衍与新品种的诞生,而是衍生出了一种独特的生活方式、一种科研精神、一种地域文化现象,这就是海南南繁文化。它涵盖了科研协作精神、科技创新理念、农耕文明传承、生态环保意识、地方经济振兴等多个维度,实现了从"一粒种子"到"一种文化"的深刻转变,成为我国农业文化遗产的重要组成部分,彰显了中国农业科研的智慧与力量。

海南南繁文化的形成,是时代需求与地理优势碰撞交融的结果,是科研人员智慧与汗水的结晶,是国家农业发展战略的重要体现。它不仅见证了我国农业科研的历史变迁,承载了南繁人的艰辛历程与辉煌成就,而且在新时代背景下,继续发挥着推动农业科技创新、保障国家粮食安全、促进生态文明建设、提升地方经济与文化软实力的重要作用。随着海南自由贸易港建设的深入推进以及全球种业竞争的加剧,海南南繁文化正以其独特的魅力与影响力,吸引着越来越多的关注目光,成为展现我国农业科技硬实力与文化软实力的一扇窗口,为我国乃至全球农业的可持续发展贡献着源源不断的智慧与力量。

二、核心内涵:南繁文化的多元结构与深层特质

南繁文化作为我国农业科技发展的重要载体,其内涵丰富、底蕴深厚,主要体现在以下几个方面:

1. 科技底蕴

南繁文化是农业科技发展的生动写照,生动诠释了我国种业科技创新的历程与辉煌成就。南繁基地不仅是农作物新品种选育的"孵化器",更是现代农技术集成应用的"试验田"。在这里,科研人员通过高效率的加代繁育,大大缩短了新品种的培育周期,加速了科研成果的转化应用。同时,南繁基地也成了新技术、新设备、新方法的试验场,推动了我国种业科技的持续创新与升级,为我国种业现代化进程注入了强大动力。

2.历史积淀

南繁文化承载着中国农业科研发展历程的厚重记忆,见证了新中国成立以来我国农业科技人员的辛勤付出与不懈探索。南繁历程中形成的科研档案、实物遗存、口述历史等,犹如一部鲜活的农业科研史书,记录了南繁人艰苦奋斗的足迹,凝结了他们的智慧与汗水。这些珍贵的历史资料,构成了宝贵的农业文化遗产,对于研究我国农业科技进步的历史脉络、发展规律、成功经验具有重要价值,也为后人提供了深刻的历史启示与精神滋养。

3.民族精神

南繁文化蕴含着深厚的民族精神与家国情怀。几代南繁人面对艰苦的科研条件,不畏艰难、坚守初心,以苦为乐、甘于奉献,他们用实际行动诠释了"以苦为乐、甘于奉献、崇尚科学、求实创新"的南繁精神。这种精神已成为激励广大农业科技工作者矢志科研、服务"三农"的精神灯塔,鼓舞他们在农业科技的道路上砥砺前行,为我国农业现代化和国家粮食安全贡献智慧与力量。

4.生态智慧

南繁文化体现了人与自然和谐共生的理念,生动展现了我国农业科研在尊重自然、顺应自然、保护自然方面的积极探索与实践。海南独特的热带生态资源为南繁提供了理想的自然条件,而南繁活动则在充分利用这些资源的同时,注重生态环境保护与生物多样性研究,形成了科研与生态保护相互促进、相得益彰的良好格局。这不仅提升了南繁科研的可持续性,也为我国农业绿色发展提供了有益借鉴。

5.地方特色

南繁文化深深烙印着海南的地方文化元素,与海南本土文化深度融合,促进了海南农业产业结构调整与区域经济发展。南繁活动催生了海南特有的南繁旅游、南繁科普教育等新兴产业,吸引了众多游客前来参观学习,不仅提升了海南的知名度与影响力,也有力推动了当地乡村振兴与文化软实力的提升。南繁文化已经成为海南一张亮丽的文化名片,为海南经济社会发展注入了新的活力。

海南南繁文化以其科技底蕴、历史积淀、民族精神、生态智慧和地方特色,构成了独特的文化内涵与价值体系,是我国农业科技发展的重要标志,也是我国文化软实力的重要组成部分。在新时代背景下,南繁文化将继续发扬光大,为推动我国农业科技创新、保障国家粮食安全、促进生态文明建设、提升地方文化软实力发挥更加重要的作用。

三、价值体现:海南南繁文化的社会、经济、科研价值

1. 社会价值

海南南繁文化在国家粮食安全战略中扮演着举足轻重的角色,为保障我国主要农作物种子供应的稳定性和多样性,以及维护国家种业安全构筑了坚实的屏障。南繁文化以其深厚的科技底蕴与民族精神,提升了全社会对农业科研和种业创新的关注与支持,强化了公众对农业科技在保障国家粮食安全、推动农业现代化进程中的核心地位的认知。通过各类科普活动、媒体宣传、学术交流等途径,南繁文化普及了农业科技知识,提升了公众的科学素养,增强了全社会对粮食安全的重视与危机意识,有力推动了国家粮食安全战略的深入实施和社会共识的形成。

2. 经济价值

南繁产业作为海南经济的重要支柱,对当地农业及相关服务业的发展产生了显著的拉动效应。南繁基地的建设和运营,吸引了大量投资,创造了大量就业岗位,为海南经济注入了活力。南繁产业的发展还带动了农业供应链的优化升级,促进了种子生产、加工、销售、物流等配套产业的协同发展,形成了以南繁为核心的农业产业链条。此外,南繁文化还催生了新兴业态,如南繁旅游、南繁会展、南繁技术服务等。这些产业不仅丰富了海南的旅游产品体系,提升了海南的旅游吸引力,也为海南带来了丰厚的经济效益,成为推动海南经济转型升级、实现高质量发展的新动力。

3. 科研价值

海南南繁文化为我国农业科研提供了独一无二的实践平台,其优越的自然条件和丰富的生物多样性为科研人员提供了理想的科研环境,极大地缩短了农

作物新品种的选育周期,显著提高了育种效率,为我国种业科技进步做出了重大贡献。南繁基地不仅是我国农业科技自主创新的重要基地,承担着众多国家级科研项目和重大课题,还是我国与世界农业科技交流的重要窗口。南繁基地吸引了国内外一流的科研机构和专家团队,通过合作研究、技术交流、人才培养等方式,促进了全球种业知识和技术的交流与共享,提升了我国在全球种业创新体系中的地位和影响力。南繁文化的科研价值还体现在其对我国农业科技创新体系的支撑作用上。通过南繁基地的建设和运营,我国建立了完善的农业科技创新体系,形成了从基础研究、应用研究到成果转化的完整链条,为我国农业科技创新提供了有力支撑。

综上所述,海南南繁文化在社会、经济、科研三个维度上均展现出其独特而重要的价值。在社会层面,南繁文化提升了公众的科学素养,增强了全社会对粮食安全的关注和支持,有力推动了国家粮食安全战略的实施;在经济层面,南繁产业带动了海南经济的发展,创造了就业机会,促进了地方经济转型升级,为海南带来了丰厚的经济效益;在科研层面,南繁文化为我国农业科研提供了宝贵的实践平台,加速了新品种选育进程,提高了育种效率,推动了种业科技进步,为我国农业科技创新体系的建设提供了有力支撑。

第二节　海南南繁文化的育人价值

海南南繁文化作为一种独特的地域文化现象,其深厚的科技底蕴、丰富的历史积淀、鲜明的民族精神、人与自然和谐共生的理念以及与地方经济紧密融合的特性,赋予了其在高等教育中独特的育人价值。本节将从科学精神培养、人文素养提升、社会责任感塑造、创新意识激发、全球视野拓展五个方面,深入探讨海南南繁文化的育人价值。

一、科学精神培养

海南南繁文化作为我国农业科技发展的重要象征,其内蕴的严谨求实、开拓创新、协作共进的科学精神,为高等教育提供了极其宝贵的教育资源。这种科学精神不仅体现在南繁科研人员对待科研工作的态度与方法上,更体现在他们面对困难与挑战时展现出的坚韧不拔、勇于探索的品质。

1. 严谨求实的科学态度

南繁科研人员在繁育新品种、改良作物性能的过程中,始终秉持严谨求实的态度,严格按照科研规范进行试验设计、数据采集、结果分析,确保科研成果的科学性和可靠性。学生通过南繁基地实地考察,可以耳闻目睹科研人员如何一丝不苟地进行田间管理、样品采集、数据记录等工作,切身感受科研工作的严谨性和严肃性,从而培养起尊重事实、崇尚理性的科学精神。

2. 开拓创新的科研精神

南繁科研人员面对我国种业发展面临的诸多挑战,不断探索新技术、新方法,突破传统育种手段的局限,推动我国种业科技创新的步伐。例如,他们利用分子标记、基因编辑等现代生物技术手段,大幅提升了育种效率,缩短了新品种培育周期。学生通过参与科研项目、参观科研成果展示,可以深入了解南繁科研人员如何运用前沿科技解决实际问题,激发其创新思维,培养敢于挑战、勇于创新的科研精神。

3. 协作共进的团队精神

南繁科研工作往往需要多学科、多领域的科研人员通力合作,共同攻关。在南繁基地,学生可以看到不同专业的科研人员如何围绕同一目标,密切配合、互相学习,形成强大的科研合力。这种协作共进的团队精神,对于培养学生的团队协作意识、提升其跨学科合作能力具有重要意义。

通过上述教学活动,学生能够深刻体会到南繁科研人员在极端条件下坚守科研一线,克服困难、攻克技术难关,为国家粮食安全做出贡献的敬业精神与科研毅力,从而在心中埋下尊重科学、崇尚理性、追求真理的种子,为未来从事科学研究或相关工作打下坚实的基础。

二、人文素养提升

南繁文化不仅蕴含丰富的科技内涵,更承载着我国农业科研发展历程的记忆,记录了南繁人艰苦奋斗、无私奉献的精神风貌。通过学习南繁历史、阅读南繁人物传记、参与南繁主题文化活动,学生能够深入了解南繁人为国家种业发展付出的辛勤努力与牺牲奉献,感悟其背后的人文关怀与家国情怀,从而提升人文素养,增强社会责任感。

1. 深入了解南繁历史与人物事迹

学习南繁历史，可以帮助学生了解南繁事业从无到有、从小到大的发展历程，领略南繁人在艰苦条件下开拓创新、无私奉献的光辉事迹。阅读南繁人物传记，如"杂交水稻之父"袁隆平、"中国紧凑型杂交玉米之父"李登海等杰出科学家的生平事迹，可以让学生近距离感受南繁人的高尚情操与人格魅力，理解他们为何能在艰苦的环境中坚持科研、矢志不渝。

2. 参与南繁主题文化活动

参与南繁主题文化活动，如南繁文化节、南繁论坛、南繁科普讲座等，学生可以亲身体验南繁文化的独特魅力，增进对南繁事业的理解与认同。通过与南繁科研人员面对面交流，聆听他们的科研经历与人生感悟，学生可以深切感受到南繁人对国家、对人民、对土地的深深眷恋与无私奉献，进一步提升其人文素养，增强其社会责任感。

总之，海南南繁文化在科学精神培养与人文素养提升方面具有无可替代的价值。通过深入挖掘南繁文化的教育资源，将其融入高等教育教学之中，有助于培养学生的科学精神、人文素养、社会责任感，为培养具有家国情怀、创新精神和社会责任感的高素质人才提供有力支撑。

三、社会责任感塑造

海南南繁文化所倡导的"以苦为乐、甘于奉献、崇尚科学、求实创新"的南繁精神，不仅构成了南繁人坚守科研一线的精神支柱，更体现了他们对社会、对国家、对人民的庄严承诺与使命担当。这种精神内核深深地烙印在南繁人的科研实践之中，成为他们克服困难、勇攀科技高峰的不竭动力，同时也为高等教育在培养学生的社会责任感方面提供了鲜活的教材与生动的范例。

1. 以苦为乐的敬业精神

南繁科研工作环境艰苦，科研人员需在高温、潮湿、多虫害的环境下长时间劳作，但他们却以苦为乐，视艰苦为磨砺，视挫折为成长，始终保持乐观积极的心态，专注于科研事业。学生通过了解南繁人的生活与工作状态，可以深刻认识到科研工作的艰辛与不易，从而学会珍惜现有学习条件，培养吃苦耐劳、敬业奉献的精神品质。

2. 甘于奉献的家国情怀

南繁人深知自己肩负着保障国家粮食安全、推动农业科技进步的重大责任，他们甘愿舍小家为大家，长期远离亲人、忍受孤独，只为守护好国家的"种子库"，为我国种业发展贡献力量。这种无私奉献的精神，对于培养学生的家国情怀、增强其社会责任感具有深远影响。通过深入了解南繁人的事迹，学生能够理解并认同科研工作对于国家、社会的意义，树立起为国家、为人民奉献青春的理想信念。

3. 崇尚科学的求知态度

南繁人始终坚持以科学的态度对待科研工作，他们尊重事实、追求真理，勇于质疑、敢于创新，不断探索种业发展的新路径、新方法。这种崇尚科学的精神，对于培养学生的批判性思维、独立思考能力以及对科学的敬畏之心具有重要意义。通过参与南繁科研项目，学生可以亲身感受科研工作的严谨性与科学性，从而培养起尊重科学、崇尚理性的求知态度。

4. 求实创新的科研作风

南繁人面对复杂的科研问题，始终坚持实事求是、勇于创新，他们善于运用现代科技手段，解决传统育种中的难题，推动我国种业科技不断向前发展。这种求实创新的科研作风，对于培养学生的创新意识、提升其科研能力具有积极作用。通过参加南繁科普活动、参观南繁成果展览，学生可以直观感受到科技创新在推动农业发展、保障粮食安全、保护生态环境等方面的重要作用，从而激发创新意识，培养创新思维。

总而言之，南繁文化在塑造学生的社会责任感方面具有显著的教育价值。通过深入了解南繁人的事迹，学生能够深刻理解科研工作对于国家、社会的重要意义，树立起服务社会、报效国家的崇高理想，培养强烈的社会责任感。

四、创新意识激发

海南南繁文化不仅强调科研人员的敬业精神与奉献精神，更提倡人与自然和谐共生的理念。海南的热带生态资源为南繁提供了理想的自然条件，而南繁活动则促进了海南生态环境保护与生物多样性研究，形成了科研与生态保护相得益彰的良好局面。这种理念与实践的结合，为培养学生的创新意识提供了独特的教育契机。

1.探索绿色农业的创新实践

南繁科研人员在利用海南自然资源进行科研的同时,高度重视生态环境保护,他们积极探索绿色农业技术,如节水灌溉、生态种植、生物防治等,力求在保障科研成果的同时,减少对环境的影响。学生通过参与南繁科研项目,可以深入了解绿色农业的创新实践,认识到科技创新在推动农业绿色发展、保护生态环境方面的重要作用,从而激发其在绿色农业领域的创新意识。

2.体验生物多样性的科研魅力

南繁活动涉及众多作物种类和遗传资源,为生物多样性研究提供了丰富的素材。学生通过参与南繁科研项目,可以接触到丰富的作物种质资源,了解生物多样性对于农业科研、种业发展的重要性,从而激发其对生物多样性研究的兴趣,培养其在生物多样性领域的创新意识。

3.参与科普教育的创新传播

南繁科普活动是传播南繁文化、普及农业科技知识的重要途径。学生可以通过参加南繁科普活动,参与到科普内容的设计、制作、传播等环节,体验科普教育的创新过程,培养其在科普教育领域的创新意识。

总之,海南南繁文化在激发学生的创新意识方面具有显著的教育价值。通过参与南繁科研项目、参加南繁科普活动、参观南繁成果展览,学生可以亲身体验科技创新在推动农业绿色发展、保障国家粮食安全、保护生态环境等方面的重要作用,从而激发创新意识,培养创新思维。

五、全球视野拓展

海南南繁文化作为我国农业科技发展的璀璨明珠,在国际上的影响力与日俱增,成为连接全球农业科技交流与合作的重要桥梁。南繁基地及配套的展览馆、科普园等设施,不仅为国内学生提供了直观的科研实践平台,更以其开放包容的姿态吸引了众多国际科研机构、专家学者的目光,为学生搭建了与国际同行深度交流、学习的舞台,有力地拓宽了学生的全球视野,培养了他们的全球意识。

1.国际合作与交流的平台

南繁文化以其独特的科研价值与文化魅力,吸引了众多国际科研机构、高等院校、跨国公司等纷纷与海南建立合作关系,开展科研项目合作、技术交流、人才培养等多元化的国际合作。学生通过参与这些国际合作项目,可以直接与国际顶尖科研团队合作,了解国际农业科研的最新动态与前沿技术,拓宽学术视野,提升科研能力。同时,通过与国际同行的交流互动,学生可以学习借鉴国外先进的科研理念与方法,增强跨文化交流能力,提升自身的国际竞争力。

2. 国际科研资源的共享

南繁基地凭借其丰富的农作物种质资源、先进的科研设施、独特的生态条件等优势,吸引了全球范围内的科研人员前来开展科研工作。学生通过参与南繁科研项目,可以共享这些国际科研资源,接触到世界各地的作物品种、先进的育种技术、创新的科研模式等,从而拓宽知识面,增强科研创新能力。同时,南繁基地的开放性与包容性,也为学生提供了与国际科研人员共同研究、共同创新的机会,有利于培养学生的团队协作精神与国际视野。

3. 国际视野的培养

南繁文化在国际上的影响力,不仅体现在科研合作与资源共享上,更体现在对学生的全球视野培养上。通过参与南繁文化相关的国际会议、研讨会、展览等活动,学生可以了解到全球农业发展的趋势与挑战,理解农业在全球经济、社会、环境等多方面的重要作用,增强对全球农业问题的关注与思考。同时,南繁文化所倡导的"以苦为乐、甘于奉献、崇尚科学、求实创新"的南繁精神,对于培养学生的全球担当意识、社会责任感、国际理解力具有深远影响。

综上所述,海南南繁文化在高等教育中具有独特的育人价值,它不仅能够培养学生的科学精神、人文素养、社会责任感、创新意识,更能够拓展学生的全球视野,为培养具有国际竞争力的农业科技人才提供了丰富的教育资源和实践平台。因此,高校应当充分挖掘和利用海南南繁文化的育人价值,将其融入教育教学全过程,为培养具有家国情怀、创新精神和社会责任感的高素质人才提供有力支撑。同时,高校也应当积极推动南繁文化走向世界,通过南繁文化的国际传播,提升我国农业科技的国际影响力,为全球农业科技创新与可持续发展贡献中国智慧与中国方案。

第三节　海南南繁文化融入海南高校立德树人工作的实践探索

海南作为我国重要的南繁育种基地,承载着保障国家粮食安全的战略使命。南繁文化蕴含的"艰苦卓绝、拼搏进取、创新创业、求真务实"精神,是新时代高校立德树人的宝贵资源。近年来,海南高校紧扣国家种业振兴战略,深入挖掘南繁文化育人价值,构建起"课程＋实践＋文化"三位一体的育人体系,为培养知农、爱农新型人才提供了海南方案。

一、南繁文化育人的顶层设计与制度保障

海南省委、省政府高度重视南繁文化传承与创新,将南繁精神纳入《海南省全面推进"大思政课"建设的实施方案》,明确要求"打造南繁特色思政品牌"。海南大学作为南繁研究主力军,成立南繁学院(三亚南繁研究院),构建"三全育人"体系,设立"南繁科学精神研究中心",获批教育部新农科研究与改革实践项目。2023 年,该校《南繁精神融入高校思政课教学研究》获海南省教学成果一等奖。

海南经贸职业技术学院将南繁文化纳入"双高计划"建设方案,制定《南繁文化育人三年行动计划》,建立"南繁精神研究中心",开发"南繁科技概论"等校本课程。2024 年,该校"金穗"实践队获评全国"三下乡"优秀团队,其"南繁精神传承"项目获教育部新农科实践教学改革项目立项。

二、课程体系创新与教学模式改革

(一)构建"南繁＋"特色课程群

海南大学南繁学院开设"南繁种业创新""热带农业科技伦理"等 15 门核心课程,其中"作物育种学"获评国家级一流本科课程。课程设计突出"理论＋案例＋实践"特色,例如在"农业科技史"课程中,通过"杂交水稻之父"袁隆平南繁育种案例,引导学生理解科技创新与社会责任。2023 年,该校学生在"全国大学生生命科学竞赛"中获特等奖,其"南繁水稻抗逆基因挖掘"项目已实现成果转化。

海南师范大学结合师范教育特色,开发"南繁科普教学法""农业科技写作"等教师教育课程,培养师范生的农业科技素养。近三年来,该校师范生在"全国青少年农业科普创新大赛"中指导学生获国家级奖项 17 项,形成"大手拉小手"的科普教育生态。

(二)创新"产学研用"教学模式

海南高校普遍采用"课堂教学 + 科研实践 + 产业服务"的教学模式。例如,海南大学南繁学院与隆平高科共建"南繁育种联合实验室",学生参与超级稻品种选育项目,近五年培育审定品种 12 个。海南经贸职业技术学院投资 800 万元建设南繁智慧农业实训中心,模拟育种全流程,年接待学生实训超 6000人次。

在思政课教学中,各高校注重将南繁精神融入价值引领。海南大学在"习近平新时代中国特色社会主义思想概论"课中增设"南繁使命与粮食安全"专题,年均覆盖学生 8000 余人次。海南热带海洋学院在"环岛社会实践考察"中增设南繁主题线路,组织学生参观三亚南繁基地,开展"一粒种子的中国故事"主题研讨。近五年累计有 9000 名学生参与该实践项目,形成调研报告 200 余篇,其中《南繁精神对大学生创新意识培育的实证研究》获海南省思政课教学成果一等奖。

三、实践育人平台建设与校地协同

(一)打造"政产学研用"五位一体实践基地

海南高校依托崖州湾科技城,共建南繁实践教学基地 32 个。其中,海南大学与中国农业科学院共建"南繁育种联合实验室",学生参与国家重点研发计划项目,其撰写的《南繁基地土壤改良方案》被农业农村部采纳。海南经贸职业技术学院与三亚市南繁科学技术研究院共建"南繁科普教育基地",学生参与科普讲解服务,2024 年接待参观人数突破 5 万人次。

(二)深化校企双导师制人才培养

海南高校建立"高校教师 + 南繁专家"双导师队伍,现有企业导师 89 人。海南大学南繁学院聘请袁隆平团队专家担任"作物遗传育种"课程主讲,采用"项目导入 + 案例教学"模式,指导学生完成"耐盐碱水稻品种筛选"项目。海南经贸职业技术学院与隆平高科联合设立"南繁精英班",学生在企业导师指导下完成"南繁种业市场调研报告",相关建议被海南省农业农村厅采纳。

四、文化浸润与价值引领成效

(一)南繁精神融入校园文化建设

海南高校通过举办"南繁文化节""种业创新论坛"等品牌活动,营造浓厚育人氛围。海南大学每年11月举办"南繁科技周",邀请南繁科学家开展专题讲座,近三年累计吸引省内外高校学生2万余人次参与。海南经贸职业技术学院将南繁元素融入校园景观设计,建设"育秧雕塑""南繁长廊"等文化地标,成为师生开展思政教育的重要场所。

(二)南繁文化育人成果显著

海南高校学生在南繁领域创新创业成果丰硕。2024年,海南大学学生团队在"互联网+"全国竞赛中获金奖,其"南繁智慧育种管理系统"已落地崖州湾科技城。海南经贸职业技术学院"金穗"科普团队连续两年获全国大学生志愿服务优秀项目,累计开展南繁科普活动150余场,覆盖青少年3万余人。

据统计,近五年海南高校向南繁领域输送毕业生800余人,其中75%进入崖州湾科技城企业,参与品种选育、技术推广等核心业务。用人单位反馈显示,海南高校毕业生专业对口率达90%,创新能力满意度达93%。

五、挑战与对策建议

尽管海南高校在南繁文化育人方面取得显著成效,但仍面临一些挑战:一是南繁专业师资力量不足,具有行业背景的教师占比仅42%;二是跨学科课程融合度有待提升,现有课程中农业与科技、管理的交叉内容占比不足35%;三是实践教学条件仍需改善,部分实验室设备陈旧,难以满足现代种业发展需求。

针对这些问题,建议采取以下措施:

1.实施"南繁人才引进计划",重点引进具有南繁科研院所工作经历的高层次人才,建立"南繁专家工作站"。

2.开发"南繁+X"微专业课程包,鼓励学生跨学科选课,设立南繁创新学分。

3.加大实践教学投入,建设"智慧南繁虚拟仿真实训基地",与企业共建联合实验室。

4.深化国际交流合作,与国际种业机构开展"3+1"联合培养项目,培养具有国际视野的种业人才。

未来,需进一步优化"课程—实践—科研—产业"全链条协同机制,深化南繁精神与大中小学思政课一体化衔接,为"南繁硅谷"建设和国家种业振兴提供智力支持。

第四节　海南南繁文化融入海南高校立德树人 工作路径优化设计

基于海南高校在南繁文化育人实践中取得的成效与现存问题,结合海南自贸港建设与种业振兴战略需求,提出以下六维路径优化设计方案,构建"机制创新—课程深化—实践强化—师资提升—评价完善—保障协同"的闭环育人体系,推动南繁文化深度融入高校立德树人全过程。

一、构建"政产学研用"五维协同机制

1.政策引领机制

(1)建议由海南省教育厅牵头制定《南繁文化育人专项规划》,将南繁精神培育纳入高校办学质量评估体系,明确各高校年度育人目标与考核指标。

(2)推动建立省级南繁文化育人联席会议制度,整合农业农村厅、科技厅、崖州湾科技城管理局等资源,形成政策合力。

2.产教融合机制

(1)推动在崖州湾科技城设立"南繁育人协同创新中心",实行"企业出题—高校解题—政府评题"模式,每年发布种业攻关项目清单,由高校师生团队揭榜挂帅。

(2)积极推广"现代种业学徒制",与隆平高科、先正达等头部企业共建产业学院,实施"3+1"分段培养(3年校内学习+1年企业实践)。

二、深化"三层次"课程思政改革

1.专业课程渗透层

(1)积极开发"南繁科技伦理""种业知识产权"等特色课程,在32个涉农专业全面推行"课程+南繁案例"教学模式,确保每门专业课至少包含4学时南繁专题。

（2）推动建设国家级南繁文化虚拟教研室，开发"南繁精神数字案例库"，收录典型人物事迹、科研成果转化案例100个以上。

2.通识教育拓展层

（1）推动开设"大国粮仓与南繁使命"通识必修课，编写《海南南繁文化读本》省级统编教材，纳入全省高校通识教育学分体系。

（2）探索实施"南繁＋X"微专业计划，设置生物育种、智慧农业等若干个方向，推行模块化课程组合。

3.实践教学创新层

（1）探索构建"基础实验—科研训练—产业实战"三级实践体系，建设国家级南繁虚拟仿真实验教学中心，开发"水稻分子设计育种""种子活力智能检测"等30个虚拟仿真项目。

（2）积极推行"双导师制"毕业设计改革，要求涉农专业学生毕业选题中南繁相关课题占比不低于20%。

三、打造"四位一体"实践育人平台

1.科研创新平台

（1）推动在崖州湾种子实验室设立"大学生南繁科创工作站"，每年遴选相当数量学生项目入驻，给予专项基金配套支持。

（2）推动建设南繁种质资源大数据平台，向各高校开放部分种质资源数据，支持学生开展生物信息学分析。

2.产业实践平台

（1）推动与南繁科技城共建"现代种业实践基地群"，按照"一校一基地"原则，建设水稻、玉米、瓜菜等特色作物实践基地，实现育种全流程实操全覆盖。

（2）积极推行"种业CEO"培养计划，选拔优秀学生参与企业经营管理实训，培育复合型种业人才。

3.文化传播平台

（1）推动建设省级南繁文化数字博物馆，开发VR全景展厅、互动式育种游戏等数字产品。

（2）积极组建"南繁青年宣讲团"，深入中小学开展"种子课堂"宣讲，打造"行走的思政课"品牌。

4.国际交流平台

（1）推动设立"南繁国际奖学金"，每年资助若干名留学生参与南繁科研项目，建立"一带一路"南繁人才联合培养基地。

（2）积极举办全球种业青年论坛，建立与国际玉米小麦改良中心（CIMMYT）等机构的常态化合作机制。

四、实施"双师双能"师资提升工程

1.人才引育计划

（1）大力实施"南繁学者"引进计划，五年内引进数量可观的具有国际种业企业工作经历的领军人才，给予百万元以上科研启动经费。

（2）探索建立教师南繁实践学分制，要求涉农专业教师每五年累计驻点南繁基地不少于3个月。

2.能力提升计划

（1）推动建设省级南繁教师发展中心，开发"种业前沿技术""课程思政设计"等培训模块，轮训相关专业教师。

（2）推行"教师—工程师"双职称评审制度，设立种业技术推广教授岗位，打通校企人才流动通道。

五、完善"三维度"质量评价体系

1.过程性评价

（1）积极开发南繁育人电子档案系统，记录学生参与科研项目、实践活动、文化传播等全过程数据。

（2）探索引入区块链技术建立"学分银行"，实现实践成果的跨校认证与学分转换。

2.增值性评价

（1）探索构建"知识—能力—价值观"三维评价模型，重点考查学生在种业创新、生态保护、粮食安全等方面的认知提升。

（2）推动开展毕业生职业发展追踪调查，建立人才培养质量与南繁产业需求的动态匹配机制。

3.社会性评价

（1）探索引入第三方评估机构，从成果转化、文化传播、社会服务等维度进

行综合评价。

（2）推动建立《南繁育人蓝皮书》发布制度，每年向社会公开育人成效与改进计划。

六、强化"双循环"资源保障体系

1. 内生动力循环

（1）推动设立省级南繁文化研究专项基金，每年投入充足、到位，以支持育人模式创新研究。

（2）探索建立高校南繁文化育人成果奖励制度，对取得重大突破的团队给予百万级奖励。

2. 外部支持循环

（1）推动《海南省南繁管理条例》修订，明确企业参与育人工作的税收优惠与政策扶持。

（2）加快构建"高校—政府—企业"风险共担机制，设立南繁育人保险专项，化解实践教学风险。

概言之，本优化设计通过六大路径的系统推进，可实现南繁文化资源向育人资源的深度转化，有助于高质量培养"懂农业、爱农村、护生态、守初心"的新型人才，为海南自贸港建设和国家种业振兴提供强有力的人才支撑与精神动力。实施过程中需建立动态监测机制，每年开展成效评估并根据反馈进行迭代优化，确保育人体系始终与时代需求同频共振。

参 考 文 献

[1]范稳.清官海瑞[M].福州:海峡文艺出版社,1996.

[2]熊良智.海瑞长篇历史传记[M].北京:中国言实出版社,1997.

[3]陈智勇.海南海洋文化[M].海口:南方出版社,2008.

[4]刘阳.海南华侨文化[M].海口:南方出版社,2008.

[5]阮忠.天涯守望:苏东坡晚年的海南岁月[M].海口:海南出版社,2008.

[6]韩国强.东坡居儋故事[M].海口:海南出版社,2012.

[7]陈雄.冼夫人文化探索30年[M].北京:人民日报出版社,2013.

[8]司徒尚纪.中国南海海洋文化史[M].广州:广东经济出版社,2013.

[9]曾苗,林莹.三亚南繁人[M].海口:海南出版社,2013.

[10]谢越华.海南文化概论[M].北京:中央广播电视大学出版社,2014.

[11]林冠群,林志向.东坡海外集今译[M].海口:海南出版社,2014.

[12]林冠群.儋阳东坡遗泽颂[M].郑州:中州古籍出版社,2015.

[13]白娜.冼夫人传说故事与颂联[M].海口:南方出版社,2015.

[14]吕青.南繁小故事[M].海口:海南出版社,2017.

[15]唐若玲.海南生态文化传统与生态文明建设[M].海口:南方出版社,
2018.

[16]冯健英,冯所海.冼夫人信俗[M].海口:南方出版社,2018.

[17]冯所海,冯健英.百说冼夫人[M].海口:南方出版社,2018.

[18]冯所海,冯健英.冼夫人颂诗联大观[M].海口:南方出版社,2018.

[19]国家南繁工作领导小组办公室.中国南繁60年[M].北京:中国农业
出版社,2018.

[20]侯志强,叶新才,陈金华,等.华侨华人与侨乡发展[M].北京:社会科
学文献出版社,2018.

[21]黄玉峰.东坡海南游[M].上海:上海辞书出版社,2020.

[22]梁小虹.中国航天精神辞典[M].北京:中共中央党校出版社,2021.

[23]仇媛媛.与东坡为邻[M].北京:中国言实出版社,2021.

[24]万松.大明第一清官——海瑞:全三册[M].北京:中国书籍出版社,2022.

[25]邢寒冬.海南华侨兴学与侨乡社会发展[M].广州:暨南大学出版社,2022.

后　　记

《区域特色文化资源融入高校立德树人工作个案研究——依托海南特色文化资源立德树人的理论与实践》的完成离不开多方的支持与帮助,在此,谨向海南热带海洋学院党委及相关领导致以诚挚的感谢。首先感谢学院给予的大力支持,尤其是第三批海南省高校"三全育人"综合改革试点项目——"海洋、生态、旅游、民族"四大办学特色融入"三全育人"综合改革的体系构建与路径探索(琼教思政〔2023〕11－1－1)的支撑。2020年海南省高校思想政治理论课教学科研团队择优支持项目(2020－30－3－2)的成功申报,也为编写者提供了宝贵的资源和平台。正是在这些项目的支持下,编写者能够集中力量深入研究并结合海南的特色文化与社会实际,打造符合时代需求的思政教育体系范式。

与此同时,编写者要特别感谢本书的审稿专家们提出的宝贵意见和建议。在审稿过程中,专家们对本书的研究框架、理论分析以及写作结构等方面给予了充分的指导,并提出了建设性的批评意见,这些意见有助于提升本书的学术水平和实践价值。这些意见不仅帮助编写者有针对性地对书稿进行了修改与完善,也使编写者更加明确了今后研究工作的方向。

在本书的编写过程中,由于篇幅受限,"红色文化""旅游文化""非遗文化"等海南文化内容尚未纳入其中,虽留有遗憾,但也为后续研究提供了方向。另,本书"导论"及第二章、第三章由宁波编写,其余各章由管小其编写。书中注释及所列参考文献或有遗漏;再者,因编写者学识有限,文中或多有不周之处。如蒙得示,定当设法补过。

本书旨在探寻一种区域特色文化资源融入高校立德树人工作的模式,期冀能够对思政同仁将区域特色文化资源融入高校立德树人工作有所启发,并对海南高校思想政治教育的内涵式发展有所贡献。

再次感谢各级领导、专家及各位同仁的大力支持,感谢读者的关注与阅读。